Las memorias testimoniales del Dr. Jaerock Lee, quien fue rescatado del valle de la muerte

Cómo Gozar de la Vida Eterna aun antes de la Muerte

Dr. Jaerock Lee

«Levántate, resplandece;
porque ha venido tu luz,
y la gloria de Jehová ha nacido sobre ti»

(Isaías 60:1)

1. Cruzada Mundial Explosión del Espíritu Santo en Seúl
2. Reunión de oración en Imjingak por la unificación del norte y del sur
3. Reunión de ayuno y oración por los pueblos de Corea

La Iglesia Central Manmin lidera la evangelización nacional y las misiones internacionales

4. Cruzada de jubileo por la unificación del norte y del sur, realizada en la Plaza Yoido
5. Santuario principal de la Iglesia Central Manmin
6. Ceremonia de inauguración de la Red Cristiana Global (GCN, por sus siglas en inglés)
7. Presentación de Pascua
8. Festival de Acción de gracias
9. Celebración de aniversario de la iglesia
10. Conferencia de liderazgo
11. Peregrinación a la Tierra Santa

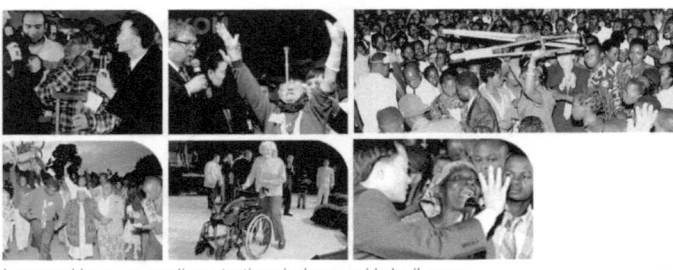

Innumerables personas dieron testimonio de su sanidad milagrosa

1. Cruzada del Santo Evangelio en Kenia
2. Festival de sanidad milagrosa en Rusia
3. Cruzada unida en Pakistán
4. Festival de sanidad en Alemania
5. Cruzada en Nueva York
6. Festival de sanidad milagrosa en R. D. de Congo
7. Cruzada en Estonia
8. Cruzada del Santo Evangelio en Uganda
9. Cruzada de sanidad en Perú
10. Cruzada de sanidad milagrosa en Honduras
11. Cruzada en Filipinas
12. Cruzada en Israel

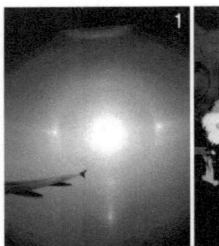

1. Un precioso arcoíris fotografiado durante el Festival de sanidad milagrosa en R. D. de Congo
2. Presentación del equipo de alabanza de Manmin
3. Una paloma posada sobre el hombro del predicador durante la Cruzada de sanidad en Perú

«Una vez habló Dios; Dos veces he oído esto:
Que de Dios es el poder» (Salmos 62:11)

El poder del Espíritu Santo ha sacudida al mundo

Festival de oración por sanidad milagrosa, India 2002, con más de tres millones de asistentes

Por medio de los mensajes llenos de vida del Dr. Jaerock Lee, innumerables sanidades milagrosas toman lugar y un gran número de personas reciben al Señor Jesucristo.

«Acontecerá que si oyeres atentamente la voz de Jehová tu Dios, para guardar y poner por obra todos sus mandamientos que yo te prescribo hoy, también Jehová tu Dios te exaltará sobre **todas las naciones de la tierra**»

(Deuteronomio 28:1)

Jesucristo es nuestro único Salvador

1. Fotografía junto a muchos pastores del extranjero
2. Invitación de parte del expresidente de Perú, Alejandro Toledo, para una conversación amistosa
3. Invitación de parte del presidente de R. D. Congo, Joseph Kabila

4. Entrega de placa de aprecio de parte del Comité organizador de la Cruzada India 2002
5. Cruzada del Santo Evangelio en Uganda, transmitida en CNN
6. Entrega de placa de aprecio de parte del Comité organizador de la Cruzada Kenia 2001
7. Oración de bendición en la Municipalidad de Los Ángeles, EE. UU.
8. Obtención del grado de Doctor en Ministerio en el Seminario Teológico de Kingsway, en Iowa (EE. UU.)
9. Obtención de la Placa de proclamación de parte de la Municipalidad de Nueva York (EE. UU.)
10. Visita de S. K. Tressler, exministro de cultura y deportes de Pakistán

Las memorias testimoniales del Dr. Jaerock Lee, quien fue rescatado del valle de la muerte

Cómo Gozar de la Vida Eterna aun antes de la Muerte

Dr. Jaerock Lee

Cómo Gozar de la Vida Eterna aun antes de la Muerte,
por el Dr. Jaerock Lee
Publicado por Libros Urim (Representante: Seongnam Vin)
73, Yeouidaebang-ro 22-gil, Dongjak-Gu, Seúl, Corea
www.urimbooks.com

Todos los derechos reservados. Ninguna parte de esta publicación podrá ser reproducida, procesada en algún sistema que la pueda reproducir, o transmitida en alguna forma o por algún medio electrónico, mecánico, fotocopia, cinta magnetofónica y otro, sin el permiso previo y por escrito de los editores.

A menos que se indique lo contrario, el texto bíblico ha sido tomado de la versión Reina-Valera © 1960 Sociedades Bíblicas en América Latina; © renovado 1988 Sociedades Bíblicas Unidas. Reina-Valera 1960™ es una marca registrada de la American Bible Society, y puede ser usada solamente bajo licencia. Utilizada con permiso.
Las citas bíblicas marcadas con «LBLA» son tomadas de LA BIBLIA DE LAS AMERICAS © Copyright 1986, 1995, 1997 por The Lockman Foundation. Usadas con permiso.

Derechos de autor © 2019 por el Dr. Jaerock Lee
ISBN: 979-11-263-0476-9 03230
Derechos de traducción al inglés © 2016 por la Dra. Esther K. Chung.
Usado con permiso.

Publicado originalmente en coreano por Libros Urim en el 1987.

Primera publicación: Junio 1996
Secunda publicación: Marzo 2019

Editado por la Dra. Geumsun Vin
Diseñado por el Departamento Editorial de Libros Urim
Impreso por Prione Printing
Para mayor información contáctese con urimbook@hotmail.com

Agradecimientos

En primer lugar, doy todas las gracias y la gloria a Dios el Padre quien me ha bendecido para publicar este libro.

Recientemente Dios me instó a recopilar los materiales de mi vida pasada para que publicara un libro. Fue una carga para mí escribir sobre mis días pasados, porque yo no tenía mi mente en asuntos literarios, y además no podía dedicarle mucho tiempo. Sin embargo, al pensar en mi vida pasada, ha sido milagrosa por sí sola. Dios sanó mis siete años de enfermedad y luego me llamó como Su siervo. En cada hora hasta hoy, Dios me ha acompañado.

Me di cuenta de que publicar este libro para testificar de Dios a los no creyentes debe ser agradable para Él. Aunque me había decidido a hacer este importante trabajo, me sentía apenado de no saber por dónde empezar. En esta ocasión, Dios escogió a la Diaconisa mayor, Geumsun Vin, como la editora general. Ella reunió todo el material necesario, lo arregló en el orden apropiado para la publicación y editó toda la obra en coreano desde el principio hasta el final. Agradezco a la Diaconisa mayor Vin por su dedicado esfuerzo y empeño. Creo que Dios puede recompensarla con abundantes bendiciones.

Me alegra que este haya sido el primer libro publicado por nosotros, la Iglesia Central Manmin. Espero que esta obra pueda desempeñar un papel significativo, no como mi propia presentación personal, sino como una poderosa herramienta que testifica del amor y la gracia de Jesucristo y Sus milagrosas obras y providencia, guiando a los lectores a una nueva esperanza de salvación y vida eterna.

Jaerock Lee

Contenido

Capítulo 1: En el umbral de la muerte • 1

¡Será mejor que te mueras!
En mi juventud
La lucha
Con el paso del tiempo

Capítulo 2: El milagro • 31

Afecto
Cuerpo enfermo y corazón roto
Vida miserable inmortal
Mi hermana mayor
Mi nueva vida

Capítulo 3: ¡Oh, Dios! • 71

Mi nueva vida
Por favor, ayúdame a perdonar a los demás
Hasta el final de mi viaje

Capítulo 4: El carácter produce esperanza • 103

Yo era un pecador
La cruz del Señor
El Dios vivo
¿En realidad puedes?
Comenzar una iglesia
Los vasos

Capítulo 5: Dios me ha acompañado • 167

Bienaventurado
La voz del Señor
La soberanía
La revelación

Capítulo 6: Una vida preciosa • 201

Recuerdo
Mi pasado
Mi presente
Mi futuro
Gracias por todo

Capítulo 7: Mi amado • 233

Toda la gloria es para Dios
Por Su voluntad
La vida eterna en el cielo

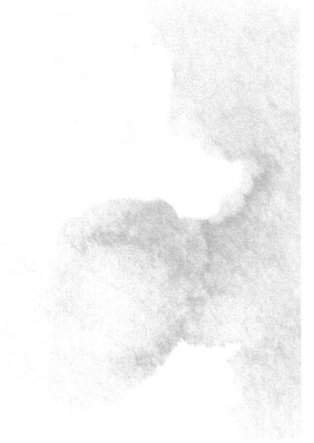

Capítulo *1*

En el umbral de la muerte

¡Será mejor que te mueras!

En mi juventud

La lucha

Con el paso del tiempo

¡Será mejor que te mueras!

Principio del verano de 1972

La estación comenzaba a cambiar y el nuevo verde cubría toda la tierra. La fragancia de la acacia pasó junto a mí en la brisa y me tocó la nariz con un cosquilleo fresco. Era hora de que todos oliesen la frescura y la vitalidad del verano, pero mi cuerpo y mi espíritu aún se encontraban en el invierno como el hielo congelado. A medida que el tiempo fue transcurriendo, el espeso hielo se derretía en los arroyos, el verano se despertaba de su largo sueño, y nuevos capullos aparecían para decorar la primavera. No obstante, el invierno dentro de mí no tenía promesa de cambiar a primavera, sino solo a profundos suspiros.

Como de costumbre, estaba acostado en el piso bajo una manta sucia en mi casa de una sola habitación, durante todo el día. Vi nubes en forma de algodón a través de una ventana parcialmente abierta; me recordaban el regazo caliente de mi madre. Si yo fuese una de esas nubes, viajaría por toda la península sin ninguna preocupación y nadie a quien envidiar.

«Tengo solo 30 años; estoy en la edad de la vitalidad y la fortaleza, en la cúspide de la vida. Aun así, ahora estoy mirando mi cuerpo siendo destruido poco a poco, día tras día...».

Mis lágrimas se secaron y mi esperanza de sanar había

desaparecido. Solo el deseo de permanecer vivo seguía en mí.

Todavía estaba mirando el hermoso cielo verde jade a través de la ventana. De manera intermitente el sol me mostró su brillante rostro entre las nubes pasajeras. Yo quería sentir ese cálido sol en mi rostro y en todo el cuerpo. Apoyado contra la pared, apenas pude levantar la mitad superior de mi cuerpo y, de inmediato, sentí un dolor intenso en mis rodillas y me mareé. Tenía un fuerte deseo de salir de mi habitación, así que tomé el bastón que utilizaba para ir al baño, y apoyándome sobre él, abrí la puerta y di mi primer paso hacia afuera. ¡Vaya! Casi grité porque el aire fresco y el sol radiante afuera eran tan maravillosos.

Cuando conseguí llegar al patio delantero con mis piernas temblorosas, comencé a sudar frío. La vista del río Han que se extendía delante de mí me hizo sentir tranquilo y sereno.

Recuerdo la colina de Geumho-dong donde vivía. En ella, muchos caseríos se acurrucaban unos a otros. La mayoría de ellos eran construcciones ilegales. En mi pueblo la mayoría de los residentes eran pobres, pero de corazón cálido. Cuando ocasionalmente me veían, podía leer en sus ojos la compasión que sentían por mí.

Cuando los aldeanos subían la empinada colina, podía ver las gotas de sudor en sus rostros. No se quejaban de la difícil cuesta; simplemente manejaban su vida lo mejor que podían.

Ese día no pude seguir observándolos moverse con tanta vitalidad porque me sentí confundido y agotado; solo quería recostarme. Apoyado en mi bastón y casi gateando, volví a mi habitación.

El lamento de mi madre

Mi habitación estaba húmeda y olía mal debido a mi manta sucia que nunca había sido enrollada, y por la medicina que hervía en la cocina. Este era el único lugar donde yo podía descansar y protegerme.

Luego de descansar por un momento, escuché que alguien tocó la puerta. Me pregunté quién podría ser. Mi esposa había salido temprano al trabajo y mis hijas recién habían salido a jugar con sus amigas.

—Hijo, soy yo. ¿Estás ahí?
—¿Mamá? ¿Qué te trajo a Seúl? En ese entonces ella era una anciana de 70 años y le era difícil subir la colina.

Ella entró en la habitación y miró el entorno desordenado y a mí, su hijo flaco y enfermo. Durante un rato no dijo nada.

—Hola, mamá. Siéntate aquí.

Las lágrimas brotaron de los ojos de mi madre y comenzó a llorar incontrolablemente. Lloraba con amargura mientras golpeaba el suelo con las manos.

—¡Tú, muchacho malo! ¡Será mejor que te mueras! ¡Muérete ahora! ¿Sabes cuánto sufrimiento es esto para tu esposa e hijas? ¿Sabes lo punzante que es esto para mi corazón? Seré feliz si te mueres.

Mi madre lloró por un largo tiempo. Pude entender que ella

quería realmente que yo muriera. Me sorprendió saber esto, aunque al mismo tiempo la entendía. En medio de mi sorpresa y confusión, la miré fijamente.

¿Es demasiado anciana? ¿Cómo es posible que quiera que muera ahora? ¿Subió ella esta colina alta para decir esto a su hijo, a quien no ha cuidado en años? ¿Es esta mi madre? ¿Cómo pudo decir esto?

Me sentía tan triste que no podía dejar de llorar. ¡Con cuánta dedicación había cuidado a su marido y a sus hijos! ¡Cuánto había logrado ella administrar todas las tareas del hogar en el campo para su familia! Ella fue quien buscó todos los remedios para mí durante varios años, pero ahora no quería compartir más mi dolor. Entender esto me entristeció.

Conflictos

Rostro profundamente arrugado, hombros pesados, cuerpo pequeño y viejo... Estas características de mi madre me hacían sentir triste, pero yo creía que mi frustración y agonía eran mayores que las de mi madre.

Había más cosas que me entristecían: vivíamos en una casa de una sola habitación que alquilábamos mensualmente, en un edificio de bloques de cemento construido de manera ilegal. Solo había un tocador como mueble, una gran cantidad de mantas desplegadas, un tazón con algún residuo de un medicamento líquido, un bastón de madera áspero y muchas bolsas de medicina en la esquina de mi habitación.

Seguro, ¿por qué no morir? —pensé—, sería lo mejor para mi familia. Dejaré de ser una molestia para ellos. Al principio se sentirían tristes, pero luego se olvidarían de mí al comenzar a vivir en una nueva situación. Claro que sí, mejor me despido de este mundo tan pronto como sea posible.

Miré a mi madre, que aún seguía llorando, y tomé la decisión de morir. Ya no podía verla. Volteé mi rostro hacia la ventana. El cálido sol acariciaba mi rostro y brillaba en mis ojos. En ese momento surgió en mi corazón un fuerte anhelo de vivir. Mi decisión de morir cambió inmediatamente.

—¡Aún soy joven! Es muy pronto para que muera. Mi vida no puede acabar en este estado miserable, siendo una carga para mi familia. Debo permanecer con vida para compensar a mi familia por su pérdida, de alguna manera. No quiero que me recuerden de este modo — no sé de dónde recibí esa fortaleza, pero desde lo profundo de mi corazón surgía cierta aspiración ardiente por la vida—.

Las enfermedades están destruyendo todo mi cuerpo, pero poco a poco las superaré.

Una muerte insensata

Mientras me encontraba indeciso entre la vida y la muerte, traté de examinar mi vida pasada. Recordé que había intentado suicidarme anteriormente en un momento que no estaba tan desesperado como en ese instante.

Hay personas que se suicidan antes de saber lo que es la vida, lo que es la muerte y lo que tienen que vivir en este mundo.

Algunos de ellos se sienten tan frustrados que deciden dejar este mundo cuando no logran sus objetivos de vida. El empresario se suicida cuando arruina sus negocios. Los estudiantes de último año de secundaria se quitan la vida porque fallan en los exámenes de ingreso a la universidad, y algunos estudiantes de la escuela primaria, media y secundaria también lo hacen porque tienen mucho miedo de ser regañados por sus padres por sus malos resultados. Algunas personas renuncian a su vida porque no pueden cumplir su voluntad. A través de los medios de comunicación a menudo oímos hablar de estas personas que se suicidan.

Existe otro grupo de personas que comenten suicidio en nombre del amor. Aunque dicen que su amor se eleva por encima de las fronteras de su país y el peligro de la vida, eligen morir cuando no pueden casarse o sus seres amados los traicionan. Incluso hay quienes mueren después de la muerte de sus seres queridos. Consideran que el amor es la única razón para vivir en este mundo (lo que es ridículo) y no les importa lo preciosa que es la vida.

Una vida verdaderamente digna

Por otro lado, hay otro grupo de individuos que se dejan morir en el hospital. Muchas personas hospitalizadas debido a accidentes inesperados o enfermedades mortales luchan contra la muerte.

Algunos cometen suicidio debido al dolor que produce su vida, y por otro lado otros se levantan del borde de la muerte con una firme aspiración por la vida. Sin embargo, el número de personas que muere es mayor. Debemos reconocer que la vida es preciosa. Tenemos que apreciar lo que realmente es la vida, cuál es su propósito; y sin importar en qué circunstancia nos encontremos, debemos valorar la vida misma. De este modo no nos quitaremos la vida al azar.

Yo intenté quitarme la vida aun cuando estaba bien de salud. Sin embargo, cuando escuché a mi madre decir: «Seré feliz si mueres», surgió un anhelo de vida como un fuego ardiente.

El llanto de mi madre traspasó mi corazón y de mis ojos brotaron las lágrimas. Al levantar mi vista, intentando contener las lágrimas, las nubes me consolaron mientras flotaban en el cielo azul. Sin esfuerzo alguno, mi mente regresó de inmediato a mi alegre infancia y a mi hermosa ciudad natal. ¡Cuán hermoso fue! ¡Cuán saludable me encontraba! Ah, extrañaba esos días en los cuales muchas personas me amaban.

En mi juventud

Mi ciudad natal

Mi ciudad natal es Jangsung, Jullanam-do. Este pueblo es famoso por sus hermosos paisajes y el agua pura. El hermoso paisaje de las montañas de Noryoung se extiende hasta las colinas que rodean la ciudad de Jangsung.

Jangsung es conocido como un lugar donde la forma académica clásica afecta fuertemente a los residentes, muchos de los cuales, sean jóvenes o ancianos, todavía llevan el traje tradicional coreano (Hanbok) con más frecuencia que la gente de otras áreas. Son tan conservadores que, al ser una ciudad de eruditos, practican enfáticamente el tema de la cortesía.

Mi padre era un erudito con algunos aires heroicos, muy conocedor de los poemas y los clásicos chinos. Durante el período colonial japonés, manejó negocios comerciales y viajó entre Japón y Corea. Justo después de que Corea fuera liberada, dejó su negocio y buscó dónde vivir en aislamiento. Encontró un buen lugar en Jangsung, por esta razón mi familia se mudó de Muan cuando yo tenía tres años; es por esto que yo considero a Jangsung como mi ciudad natal.

Mi familia se estableció en un pueblo donde la mayoría de los residentes tenían el apellido Chun. Aunque no era fácil para una familia de distinto apellido, mi padre compró algunas tierras para la agricultura y construyó una casa para vivir en ese pueblo de apellido Chung.

Mi padre, un erudito de los clásicos chinos

Cuando yo era un niño, mi padre siempre estaba en casa solo y constantemente leyendo. Sin embargo, en ocasiones recibía visitas inesperadas. Cada vez que sus amigos venían a visitarlo disfrutaban el intercambio de poemas o las conversaciones sobre los clásicos, mientras bebían. Recuerdo que mi padre a veces dejaba el hogar porque viajaba solo por largos períodos. Entonces mi madre debía asumir la responsabilidad del cuidado de la familia. Ella tenía que trabajar arduamente para criar a tres hijos y a tres hijas.

Yo, como el hijo menor, era el favorito de mis padres. Cuando tenía cinco años, mi papá me enseñó 1000 caracteres chinos básicos. Él solía conversar acerca de acontecimientos históricos famosos, lo que me hacía soñar en muchas cosas. Uno de mis sueños era convertirme en un gran hombre. Luego de ingresar a la escuela primaria, me llevó al lugar donde los candidatos que se postulan para legisladores y presidentes (provinciales o nacionales) daban sus discursos. A partir de ese momento comencé a cultivar mis sueños de convertirme en un miembro del parlamento y trabajar por mi país.

Yo quería hacer cosas con mis manos; podía crear cosas fácilmente, por esto mis vecinos me alababan y a veces me envidiaban.

Cierto día estaba sentado junto a mi padre mientras le daba

forma a una rama de un naranjo trifoliado, cuando de repente llegó alguien de visita. Esa persona me miró mientras yo trabajaba en la rama, y dijo: «Tú, joven precioso. ¡Tienes manos muy hábiles!». Tomó la honda que yo hice y la examinó con detalle, y añadió: «Permíteme comprar esto. Aquí tienes el dinero». Yo me sentía avergonzado, pero mi padre sonrió y me hizo un gesto para que lo aceptara.

Desde entonces los juguetes que yo hacía con mis manos se vendían ocasionalmente.

Las tareas escolares no eran de mi interés, pues antes de ingresar a la escuela primaria mis hermanos mayores ya me habían enseñado el hangul (el alfabeto coreano) y las tablas de multiplicar, por lo que yo prefería salir a jugar o estudiar en casa. Me gustaban los juegos que involucraban una actividad física, como los juegos de combate, las luchas y el boxeo; en estos yo lideraba mi equipo. En comparación con otros niños, yo era más fuerte y competitivo, y no me gustaba perder. Cuando perdía, mi autoestima también se veía lastimada y mi orgullo me hacía jugar hasta ganar. Perder no era lo mío.

Cuando nací yo era muy fuerte y mis padres me dieron algunos medicamentos tónicos, por eso me llamaban «El Señor Fuerte» o «Gorila». Aunque mis padres eran pobres y tenían muchos hijos, compraban esos medicamentos para mí, el hijo menor, porque yo era su hijo favorito.

Mi madre

Hay un evento que no logro olvidar, después del cual me

parecía que mi madre me amaba mucho más.

Yo tenía cinco años. Estábamos en la época más ocupada del año cuando todos ayudaban con las cosechas de los campos. Yo estaba solo en casa. De repente el cielo se tornó oscuro y comenzó a llover. En el frente de la casa estaban extendidos algunos pimientos para secarlos al sol. Aunque yo era pequeño, pensé que debía hacer algo para evitar que se mojaran, así que me apresuré y los recogí con mis pequeños dedos. Mi madre, preocupada por los pimientos mientras la lluvia se hacía más fuerte, corrió hacia la casa. Al ver que yo recogía los pimientos, ella se puso feliz.

«Ah, mi niño, Jaerock. ¡Cuánto has crecido! Eres tan inteligente; ¡recogiste los pimientos! Te amo tanto, mi niño».

Aún recuerdo como si fuera ayer los ojos de mi madre llenos de un amor profundo por mí, incluso cuando me daba nalgadas con su mano. Cuando se trataba de mí, su hijo pequeño tratando de ayudarla, ella decía (al igual que todas las madres coreanas): «Por ti no sentiría ningún dolor, aunque te metiera físicamente en mi ojo».

Ella siempre me guardaba una porción cuando había una buena comida, y cuando salía con ella, tomado de su mano, nuestros vecinos mayores que se recreaban con juegos y conversaciones mientras descansaban junto a un gran árbol, solían decir: «Ah, dulzura. Te ves resplandeciente. Serás alguien importante en el futuro». Luego se dirigían a mi madre: «El rostro del niño muestra que será una gran persona. Por favor, cuídelo bien, señora».

Sus elogios y comentarios hacían que mi madre se sintiera feliz y muy orgullosa de mí; a menudo acariciaba mi cabeza con su mano.

Una noche vi a mi madre vestirse de blanco después de tomar un baño. Pensé que iba a salir de casa, entonces le pedí que me llevara con ella. Salir con mi madre siempre era un placer para mí; me gustaba ver a las personas en el mercado, tomar el bus y disfrutar de comidas deliciosas con ella.

—Quiero ir contigo, mamá.

—Jaerock, no voy a ningún lado. Voy a rogar a la Osa Mayor por ti, mi hijo menor, y por tus hermanos para que crezcan saludables y con bien. Tú debes ir a la cama, mi niño.

Yo la observé mientras ella oraba a su dios; tenía un recipiente con agua sobre una pequeña mesa en el patio y se frotó las palmas de sus manos por un largo tiempo. Aunque yo era solo un niño pude sentir una gratitud profunda por su oración por mí.

Una oración a la Osa Mayor

¡Cuán grande era su amor de madre! Sin embargo, ahora me estaba diciendo que prefería que yo muriera porque, a diferencia de cuando era un niño, ahora que era un adulto me enfermaba demasiado. Con el paso del tiempo, mi lástima por mi vida se hizo cada vez más grande.

¿Acaso ya no puedo jugar en la colina que jugaba cuando era niño? A pesar de las plegarias de mi madre a la Osa Mayor cada noche, lo que yo tenía era pobreza y un cuerpo enfermo, al cual yo odiaba. ¿Por qué no podía estar sano como todos los demás? ¿Por qué no podía salir de aquel hoyo de dolor?

Yo solía estar orgulloso de mi salud, pero luego padecía de

muchas enfermedades. Memoricé todo lo que aprendí y los demás me decían que yo era inteligente, pero ahora no podía lograr nada. En verdad nadie puede predecir ni siquiera un minuto del futuro. Incluso mis propios padres me habían abandonado. Entonces, ¿quién se interesaría por mí de ahora en adelante?

No me di cuenta de las cálidas lágrimas que corrían por mi rostro, y tampoco traté de secarlas, sino que seguí llorando. ¿Por cuánto tiempo había llorado? Vi a mi madre entrar en la habitación con un recipiente con medicina hirviendo, que a mi parecer olía muy mal. Entonces mi lástima por ella desapareció y mi corazón se llenó de compasión.

Aunque había sido un tiempo largo, difícil y de sufrimiento, ella se dedicó a cuidarme. No obstante, mis enfermedades empeoraron y no tenía esperanza de recuperación. Yo podía entender por qué ella me había dicho que era mejor que yo muriera.

En silencio recibí el tazón de medicina que me llevó mi madre, y le dije:

—Debo vivir. Para poder vivir, debo tomar la medicina. Voy a volver a vivir —tomé la decisión de sobrevivir, levanté el tazón y lentamente tomé toda la medicina, hasta el fondo—. ¡Oh, días maravillosos, regresen a mí! ¡Regresen a mí!

La lucha

Sombras de infortunio

Mis días durante la escuela primaria y secundaria pasaron con normalidad. Por el contrario, tras entrar a la universidad y al completar el servicio militar, mi vida comenzó a experimentar cierto sabor amargo.

Después de terminar el servicio militar yo debía regresar a la universidad, pero no pude hacerlo por falta de fondos. Perdí todas las propiedades que había heredado luego de ser víctima de un estafador que me engañó y tomó todo mi dinero. Yo caí en el error de confiar en esa persona de este mundo engañoso y ella se aprovechó de mi profunda confianza. Su traición fue como un corte en mis pies y no pude seguir caminando hacia delante. Esto arruinó mi futuro.

Pasé varios meses sumido en la decepción y la frustración, hasta cierto día cuando mi amiga con quien me escribía cartas valientemente me propuso matrimonio. Mi sobrina me la presentó; comenzamos a escribirnos y tuvimos una relación por cartas durante tres años. Tanto mis padres como los suyos desaprobaban nuestro matrimonio, por lo que nuestra boda no fue como las normales que cuentan con la bendición de ambas familias.

A pesar de todo, establecimos nuestro nido de amor y

planificamos vivir nuestra nueva vida juntos. Pensamos en las personas que habían salido adelante al superar dificultades y fracasos, e hicimos planes para un futuro prometedor: yo trabajaría en un periódico durante el día y estudiaría en la noche mientras que mi esposa abriría un pequeño salón de belleza.

Yo bebí demasiado

Era un día de primavera. Yo me vi casi obligado por mis amigos a hacer una fiesta para celebrar mi trabajo y mi matrimonio.

En la mañana de aquel día disfruté de una fiesta con mis compañeros de trabajo, luego fui a almorzar con mis compañeros de la universidad y en la tarde celebré con una cena y bebidas junto a otros de mis amigos de mi ciudad natal. Gozamos del tiempo juntos por primera vez después de muchos años y bebimos varias rondas de alcohol. Yo estaba feliz de ver a mis amigos quienes nos felicitaron por nuestro matrimonio. Su estímulo parecía darme nuevas esperanzas de una nueva vida.

Sin embargo, la sombra de infortunio se acercaba cada vez más, pero yo no estaba al tanto de ello.

La fiesta terminó justo a tiempo, pues esa noche hubo toque de queda a nivel nacional desde la medianoche hasta las cuatro de la mañana. Me sentí aliviado por el día y pensé que la fiesta había salido bien hasta el final. De repente me sentí mareado; cada objeto en la habitación comenzó a girar a mi alrededor y no podía mantener el equilibrio. Una y otra vez perdí la consciencia y vomité hasta retorcerme por causa del fuerte dolor. Mi esposa se asustó tanto que se apresuró hasta una farmacia y me compró un medicamento, pero yo no podía digerir nada, ni siquiera el agua. Vomité todo lo que tenía en el estómago y el vómito continuó toda la noche hasta que no salía nada más que un líquido amarillo. Mi dolor era inmenso, como si hubieran subido mis intestinos a la garganta.

Yo había estado acostumbrado a beber alcohol desde que era niño. En cierta ocasión, cuando me lastimé las costillas por accidente, mis padres me dieron un licor especial hecho con serpientes. Este licor medicinal de serpientes sanó mis heridas cada vez más y preparó mi cuerpo para que resistiera el alcohol. Desde entonces yo me enorgullecía de mi resistencia al alcohol, lo que hizo que mis amigos me llamaran «Don Alcohol».

Cuando bebía con mis amigos en una fiesta, el alcohol siempre era del tipo más fuerte: whisky. La noche anterior yo compré cuarenta botellas de 720 ml, y mis amigos compraron más.

(Más adelante yo hice el cálculo de cuánto había bebido aquel día; aproximadamente cinco botellas).

Como anfitrión de la fiesta no se me permitía rechazar ningún brindis; y para no embriagarme pronto, yo puse azúcar en mi copa antes de beberla. A mí me agradaban mucho las cosas dulces, y como era lo suficientemente resistente, superé a todos en la bebida. Es por eso que no sufrí ningún problema aquel día y seguí bebiendo sin cuidado. Sin embargo, fue demasiado. Fue insensato de mi parte no darme cuenta de que me estaba lastimando y que incluso podía morir. Mi estómago dejó de funcionar por causa del alcohol que fue abundante y muy fuerte. Ciertamente yo no estaba hecho de hierro.

Todo esto sucedió un domingo de marzo de 1968.

Mi cuerpo se convirtió en un almacén de enfermedades

Al principio mi esposa y yo no nos preocupamos mucho por mi condición porque pensamos que yo había enfermado porque bebí demasiado. No obstante, las prescripciones del farmacólogo no me ayudaban a mejorar. Ya que yo era un reportero, comencé a indagar para hallar el mejor remedio y probé varios tipos de medicamentos provenientes del occidente y del oriente, pero ninguno de ellos funcionó, al contrario, mi problema era cada vez más grave. Cada día empeoraba mi digestión y mi cuerpo se hacía más delgado.

Entonces acudí a un médico de un hospital grande y moderno; él me dijo que no tenía nada grave, solo una pequeña úlcera estomacal. Me sometí a un tratamiento por un largo tiempo, pero no logré recuperarme. Durante ese tiempo mi cuerpo se hizo cada vez más débil y surgieron muchas complicaciones: úlceras estomacales, pérdida de apetito, pérdida de peso, un colapso nervioso, fuertes dolores de cabeza, anemia perniciosa, sinusitis, infecciones en el oído, frío extremo, pie de atleta, inflamación linfática, dermatitis y eczema. Yo tenía enfermedades de las que nunca antes había escuchado; era como un almacén de enfermedades.

Un día mi padre me llevó a un médico naturista que luego de examinarme exclamó: «Esto es un milagro. ¿Cómo es que usted aún vive?». Él descubrió que mi repentino consumo de alcohol en exceso casi había quemado mi estómago hasta dejar de funcionar, y es por eso que no podía digerir ningún alimento que nutriera mi cuerpo. Mi estómago e intestinos no podían absorber ningún nutriente para que mis órganos funcionaran y entonces mi cuerpo perdió la habilidad de batallar contra las enfermedades. El mal funcionamiento de mi estómago dio lugar a que surgieran muchas complicaciones y ninguna parte de mi cuerpo quedó sin ser afectada. Mi cuerpo era como una zona de guerra.

La lucha contra las enfermedades fue mi guerra para recobrar mi salud, pero esta fue una lucha miserable y solitaria.

Si tan solo pudiera ser sanado

Al principio seguí todas las instrucciones prescritas por los farmacólogos, los médicos naturistas y los médicos modernos, pero parecía que me recuperaba de una enfermedad y recaía en otra. Por más de un año yo confié en los tratamientos de la medicina moderna, pero mi condición se volvía cada día peor.

Tuve que renunciar al trabajo; no tenía ingresos pero mis facturas médicas se acumulaban cada día, y al final nuestra condición de vida se volvió miserable. Aun así, yo no quería perder la lucha contra mis enfermedades, pero no podía pagar las facturas del hospital y ningún médico podía curarme, así que tuve que buscar otras formas de luchar; si alguien me daba una idea de una posible cura, yo pedía prestado el dinero necesario para acudir a ella.

«Debes ir a un templo budista y allí adorar a Buda durante 100 días».

«Invita a un exorcista para que te haga un ritual chamánico».
«Deberías poner la imagen de un ídolo en tu habitación».
«Deberías cambiarte de nombre».

Yo siempre me presentaba como un ateo, pero ante esta circunstancia yo intentaba adorar todo ser que pareciera un dios con la esperanza de encontrar una cura. Un día me dijeron que tomara un baño, me vistiera con ropa nueva y me recostara sobre una manta. Luego pusieron una gallina junto a mi almohada como parte de un ritual para ahuyentar los malos espíritus que me habían provocado las enfermedades. Mi esposa tomó un cuchillo, recitó algunos conjuros y con total concentración se apresuró a apuñalar a la gallina.

Ahora pienso que eso fue algo ridículo; sin embargo, si yo no hubiera sufrido no entendería que uno no tiene otra alternativa que intentar todo lo posible.

Yo hacía rechinar mis dientes en mi intento por mantenerme vivo. Mi esposa, al igual que mi madre, me llevaban todo lo que les sugerían para curarme y me lo daban, así que comí ciempiés al vapor, ramas de agripalma, la piel de un árbol de laca, carne de gato y hasta las vesículas de un perro y un oso, y también bebí licor en el que metieron una serpiente.

Tres años después yo comencé a tener problemas en mis piernas. Cuando caminaba sentía dolor intenso en mis rodillas y no podía permanecer de pie por mucho tiempo. El médico señaló que se trataba de una artritis reumatoide. Tras probar varios medicamentos sin resultados, yo escuché que la carne de gato era buena para mi problema. En ese entonces mi esposa trabajaba en un mercado en Gumho-dong y cada vez que ella veía un gato, lo compraba y luego lo cocinaba para mí, pero si se cocía la carne de gato de forma incorrecta, el olor casi me hacía vomitar cuando trataba de comerla.

¡Ya no recuerdo cuántos gatos comí! Los gatos escasearon en el área de Sungdong-gu así que luego teníamos que ir hasta los mercados de Namdaemun y Joongboo para comprarlos. Mi único deseo era poder volver a caminar.

Llegué al punto de beber agua de excrementos humanos

Con el paso del tiempo mi condición empeoró al punto de no poder ir ni siquiera al baño por mí mismo y necesitaba que alguien vaciara mis desechos por mí. Fue entonces cuando apareció un hombre que yo pensé sería mi salvación.

—¿Deseas seguir con vida? Yo sé cómo puedes lograrlo.

—¿Qué debo hacer? Por favor, dime.

—Cuando eras un niño fuiste golpeado muchas veces, ¿no es así? La sangre acumulada en tu cuerpo causa todas tus enfermedades. Solo el agua de excrementos filtrada por agujas de pino en un pozo séptico, te sanará.

Mi madre y mi esposa casi bailaron de felicidad y mi corazón se llenó de esperanza. Nos apresuramos hasta mi ciudad natal. Mi madre colocó las agujas de pino en la boca de un recipiente y lo puso en el pozo séptico. Al día siguiente ella halaba una cuerda para sacar el recipiente. Durante la noche el agua se acumulaba en el recipiente y mi madre la ponía en un tazón y me la llevaba con cuidado, usando ambas manos.

Yo bebí esa agua tres veces al día durante quince días, sin perder ni una de las dosis. A pesar del olor terrible, yo bebía cada dosis. Si intentaba beber el agua directamente del tazón me provocaba vómito, así que la bebía con una pajilla para evitar su sabor en mi lengua y hacer que pasara directamente a mi garganta. Aun así, el olor era insoportable. Yo me lavaba los dientes por unos diez minutos y comía dulces, pero mi boca nunca parecía estar limpia.

A pesar de todo, mi lucha con las enfermedades no había terminado. Luego conseguí unas píldoras potentes hechas en Alemania, las cuales se usaban para tratar la lepra. Me habían dicho que estas píldoras eran la única medicina que curaría mis enfermedades cutáneas, las que se extendieron por todo mi cuerpo. Yo pensé: ¿Por qué no tomarlas si me van a curar? Agua de excrementos o medicamento para la lepra; lo probaré todo.

Mi lucha fue en vano

Mis esfuerzos se tornaron en miseria. Aprendí dos cosas muy importantes: la primera es que en este mundo hay enfermedades imposibles de curar con la ciencia médica, los remedios ancestrales o los dioses. La segunda es que mi cuerpo estaba en una condición deplorable; su destrucción no tenía reparación.

Yo extrañaba mis piernas fuertes y mis oídos sanos y en verdad anhelaba quedar limpio y con una mente lúcida de nuevo. No obstante, sin importar cuánto anhelara mi salud, los dioses de la muerte se me acercaban y me llevaban hasta su umbral.

Mi lucha comenzó a perder su fuerza como una mariposa a la que le cortaban las alas y solo mi orgullo, que nunca permitía que nadie me ganara, me mantenía vivo y luchando con la muerte. Aunque esta lucha larga y terrible me dejó exhausto por completo, de alguna manera yo sabía que todavía no era el fin.

Con el paso del tiempo

Mi esposa se convirtió en la cabeza de la familia

Mientras yo más luchaba, más me hundía como alguien que trata de escapar de un pantano. Mi lucha solo provocó más enfermedades y llevó a mi familia al hambre.

Mi dedicada esposa cuidó de mí, su esposo enfermo, a pesar de haber tenido una luna de miel muy corta. Ella se volvía más sabia y capaz cada día; si escuchaba de algo que me podía ayudar, ella me lo daba sin importar cuán difícil era conseguirlo o cuán lejos debía ir para obtenerlo; ella siempre estaba dispuesta a hacerlo por mí y parecía que nada le era imposible o vergonzoso si se trataba de mi recuperación.

En algunas ocasiones cuando algo lastimaba sus sentimientos ella se enojaba y hacía sus maletas para ir a casa de sus padres; algunas veces ella demostró ser una mujer de carácter fuerte. Durante varios años yo no mostré ninguna mejoría en mi salud, por lo que mi esposa a veces se marchaba de casa. Estas circunstancias nos llevaron a una etapa terrible en la economía de nuestro hogar. Mi esposa tenía que pedir préstamos de dinero para pagar otros préstamos anteriores, y cuando ella se veía muy presionada por los cobradores, se iba de casa y me pedía que le diera el divorcio. Ver a mi esposa abandonar el hogar era suficiente para romperme el corazón, pero agradezco que ella siempre regresara después de un par de días.

Cierto día ella regresó a casa con un rostro muy radiante.

—Cariño, mi hermana mayor me dio 100.000 Won ($ 83). Con este dinero abriré una tienda en el mercado.

Unos días más tarde ella abrió una pequeña tienda en el mercado Gumho y comenzó una nueva vida como cabeza de nuestra familia. En la tienda ella vendía Kimbap (arroz cocido y envuelto en algas secas), rosquillas, pan, algunos alimentos fritos, fideos y bebidas alcohólicas. Ella salía de casa muy temprano en la mañana para comprar los ingredientes para preparar las comidas y regresaba a casa justo antes de la media noche. Trabajaba largas horas con el afán de ganar tanto como le fuera posible.

Por lo general yo me quedaba solo en casa, leyendo libros y disfrutando de mis sueños. Cuando me sentía muy aburrido salía hasta la intersección de tres carriles donde me sentaba en un banco de madera y observaba a la gente jugar Badook (un juego tradicional coreano que se juega con piedras blancas y negras) o Hwatoo (un juego coreano de cartas).

¿Quién iba a entenderme...? Yo no tenía otra opción más que gastar mi tiempo así, sin sentido, cuando en realidad debía ser la cabeza de mi hogar.

Mis pobres hijas

A mi dolor de cabeza se sumaban mis dos hijas. La mayor, Miyoung, creció mientras me veía enfermo todo el tiempo. Pero ella tenía un buen corazón; siempre me ayudaba, a veces era mis manos y a veces mis pies, y a veces era una amiga. Si ella salía, no se quedaba fuera por largo tiempo para que yo no me preocupara por ella. Yo lamentaba que muchas de mis enfermedades también infectaran su piel y que ella enfermara a menudo porque no la cuidábamos de modo adecuado.

A mi segunda hija, Mikyung, a quien veía poco, la enviamos a la casa de mi madre. Mikyung dejó de tomar el pecho cuando su madre abrió la tienda, por lo que ella creció al cuidado de su abuela en el campo. Ella se parece mucho a mí. Los demás miembros de la familia la despreciaban porque ella les recordaba a quien se había convertido en su dolor de cabeza: yo, el eterno miembro enfermo de la familia. Mikyung no recibió amor ni afecto de parte de mi familia; al contrario, casi la abandonaron y siempre tuvo que jugar sola. Cuando yo la vi mordiendo un trapo sucio en su boca, mi corazón sintió un dolor desesperado.

Aunque Mikyung era muy pequeña para que la apartáramos de nuestro lado, mi esposa decidió enviarla al campo porque ella necesitaba trabajar arduamente para ganar más dinero. Ella sabía que yo prefería morir en lugar de pedir ayuda a mis padres, por lo que debía encargarse de nuestro sustento y pagar mis medicamentos y las deudas que incrementaban cada día. Ella debía pagar a los acreedores y al mismo tiempo buscaba nuevas fuentes a las cuales pedir dinero prestado para pagar los intereses de las deudas. El dinero que ella ganaba cada día no era suficiente para pagar los intereses diarios del dinero que debíamos. Sin duda, las finanzas de nuestro hogar eran peores cada vez más y yo me odiaba a mí mismo porque no podía hacer nada por mi esposa que trabajaba demasiado cada día.

Cierto día, al verse atormentada por los acreedores, ella se quejó:

—¿Quién eres tú, eh? No puedo creerlo. ¿Eres un hombre? ¡Yo me casé contigo! ¿Cómo es posible que permitas que yo salga cada día a ganar dinero? ¡Yo no necesito tu amor. Necesito tu dinero! ¡Tráeme dinero!

Parecía que ella había enloquecido. Ella lloró, desgarró mi orgullo y se fue de casa. No volvió por un buen tiempo. Miyoung buscaba con ansias a su madre.

—Papá, ¿cuándo regresará mamá a casa? ¿Está ella en la tienda, trabajando? Vamos a verla, papá.

Cuando me pasaba el bastón que estaba junto a la puerta, ella lloraba. Yo no podía soportarlo más. Le pedí a mi hija que fuera por una botella de licor y un paquete de cigarros, y bebí. Me sumergí en la bebida para olvidar mi culpa por ser una carga para mi esposa, para no recordar el odio en mí hacia ella y no sentir el dolor que llevaba dentro. Bebí y bebí, e ignoré mi cuerpo enfermo.

Cuando mi madre me dijo que muriera, yo me dije a mí mismo: «¡Debes vivir!». Intenté todo para volver a vivir; sin embargo, no lo logré, y ahora mi esposa me había abandonado. ¡Mi esposa me abandonó!

Con el paso del tiempo

El humo de mi cigarro se elevaba en el aire, se desvanecía y no quedaba nada de él. De igual manera, en mi corazón se desvaneció mi esposa, y de mi anhelo de vivir ya no quedaba nada. Bien, todos me han abandonado —pensé—, pero aún tengo el licor que me ayudará a olvidar el dolor y el cigarro que aliviará mi tristeza. Todo está bien.

Mi esposa regresó cierto día y, de un modo muy frío, me dijo: «He regresado por Miyoung, no por ti. No te confundas». Sentí mucha lástima de mí mismo al escuchar esa dura afirmación y por no responder como debía hacerlo un esposo. Además lamentaba su actitud cruel hacia mí.

Desde ese momento mi salud empeoró con rapidez. Dejé de esforzarme por vivir porque sentía que yo no era del agrado de nadie y decidí vivir a mi antojo. No deseaba vivir una vida normal; solo dejaba que la vida continuara y mientras tanto seguí bebiendo y fumando para aliviar mi ira hacia los que me habían abandonado, pero tampoco podía escoger la muerte.

¡Cuán necio era! Parece que yo no tenía agallas. Me enfermé por beber demasiado. Mi enfermedad causó que mis padres, mis hermanos y mis amigos me abandonaran. Yo consideraba al alcohol como mi enemigo. Y sin embargo, ahí estaba, tratando de encontrar consuelo en el alcohol como si fuera un amigo. ¡Qué irónico!

En mi mesa de comedor siempre había algún tipo de alcohol; y si yo no bebía, no podía hacer nada porque mis manos me temblaban y sentía que perdía el equilibrio. No podía comer nada sin la bebida y me estaba volviendo un alcohólico.

Vivía mi vida un día a la vez y no tenía ningún concepto del mañana en mi consciente. Yo no era nada más que una mosca del día. Cada día era suficientemente doloroso. ¿Cómo iba a ver el mañana que sería tan doloroso como el hoy? Bebía cada vez más y así olvidaba el dolor de cada día, pero mi salud se deterioraba y mi vida estaba fuera de control como una hoja que flota sobre una corriente de agua.

Yo era demasiado necio

Yo era más que un simple necio. Ahora lamento haber desperdiciado mis días sin meditar en ellos. Debí haber prestado más atención a mi vida. Una vez que el tiempo pasa, jamás regresa. ¿Por qué usé mi tiempo y mi vida preciosa de esa manera tan miserable? Debí haber intentado soportar el dolor de mi vida de una manera sabia, y en lugar de enfocarme en el dolor presente, debí mirar la esperanza del futuro. Dios ayuda a aquellos que se ayudan a sí mismos; y no hay mal que por bien no venga.

Yo decidí renunciar a mi deseo de sobrevivir; mi vida se convirtió en una interminable corriente de días sin sentido. Al igual que un animal salvaje, yo comía, bebía y dormía sin pensar en ello; no tenía quejas ni esperanza. Estar vivo cada día era suficiente para mí y me acostumbré a vivir de ese modo. ¡Cuán necio era!

Todo el mundo enfrenta la muerte tarde o temprano, al traspasar el umbral de la muerte. Dicen que la mejor muerte es aquella que ocurre rápidamente antes de sentir dolor. Por desgracia yo pasé siete largos años al borde de la muerte, pero no moría ni vivía. El tiempo pasaba como un arroyo, pero mi vida retrocedía con mi corazón congelado. Me sentía como Jonás que estaba atrapado dentro de un pez en la profundidad del mar.

Capítulo 2

El milagro

Afecto

Cuerpo enfermo y corazón roto

Vida miserable inmortal

Mi hermana mayor

Mi nueva vida

Afecto

Afecto es un término que significa brindar bondad y calidez; es una actitud que se demuestra entre vecinos que interactúan entre sí. Los padres tienen afecto hacia sus hijos a quienes han traído al mundo y han educado. Otro tipo de afecto es el que existe entre una suegra y una nuera, el cual es hasta cierto punto una mezcla de desagrado y obligación. La vida con afecto es algo notable.

¿Qué es entonces el afecto? Cierto diccionario lo define como la expresión bondadosa y amable del corazón entre las personas. En pocas palabras, el afecto es un tipo de amor que brinda el ser humano. Se dice que el todo humano es un animal social. Desde que nacemos debemos vivir con otras personas, y crecemos gracias a la leche y al amor que nos suple nuestra madre. Si recibimos la leche pero no recibimos amor, seremos propensos a convertirnos en un problema para la sociedad, todo por la falta de amor.

El afecto se da y se entrega de muchas maneras: en casa a los hijos, en la escuela a los estudiantes y en el lugar de trabajo a los miembros de la comunidad. Otro tipo de afecto es el que se da y se recibe entre aquellos que se aman, esposo y esposa, y entre padres e hijos. Asimismo, los seres humanos considerados animales sociales viven dando y recibiendo afecto hasta su muerte. Todo individuo necesita afecto para vivir una vida digna.

Durante mis siete años de vida miserable junto al umbral de la muerte aprendí a analizar si el afecto demostrado en las diferentes relaciones es verdadero o falso, y llegué a conocer que el afecto en sí no es amor verdadero.

El afecto entre conocidos

Yo llegué a conocer a mi esposa por medio de la escritura y el intercambio de cartas. Cuando yo era joven, era muy extrovertido. Pero mientras crecía, mis dientes se veían muy mal y eso hizo que me volviera una persona tímida y callada, con un carácter introspectivo. Yo no mostraba interés en ninguna chica, y cuando conocí a mi esposa por primera vez yo no podía hablar bien, por eso compartimos mucho a través de cartas.

—Yo, yo... Yo me llamo Jaerock Lee.
—Yo me llamo Boknim Lee.

Aunque fue nuestro primer encuentro, pudimos sentir el afecto que se despertaba entre nosotros, y desde entonces comenzamos a llamarnos «hermano» y «hermana», tan solo para cultivar ese amor. Si no hubiéramos compartido un saludo al conocernos o si nos hubiéramos mantenido sin conversar y sin abrir nuestro corazón, no habríamos sentido ese afecto.

Mi sobrina, quien nos presentó el uno al otro como amigos de cartas, se asombró al escuchar de nuestra relación, pues su deseo era que yo me divirtiera, no que iniciara un amor. Ella no estaba de acuerdo con nuestro matrimonio.

El afecto entre el esposo y la esposa

Hicimos la promesa de matrimonio. A mí me agradaba la personalidad activa, buena y compasiva de ella. A ella, por otro lado, le gustaba mi personalidad recta, cálida y sensible. Nos necesitábamos el uno al otro; éramos un beneficio mutuo. Decidimos estar juntos como una sola carne, así que nos casamos.

Poco tiempo después de casarnos, yo enfermé de repente y tuve que abandonar mi trabajo por la enfermedad, así que no podía sostener el hogar. Mi esposa tenía afecto por mí como su esposo; ella hizo todo lo que le fue posible por encontrar un remedio para mí y trabajó para solventar nuestros gastos. Si no hubiera tenido afecto por mí, ella hubiera huido o quizás no se habría dedicado a cuidarme, en absoluto.

Sin embargo, si en verdad me hubiera amado como su esposo, ella no habría hecho nada que hiriera mi corazón.

—Voy a divorciarme de ti. Pero no en este momento. Si lo hago ahora, todo el mundo hablará mal de mí y dirán que te abandoné estando enfermo. Cuando estés sano, me divorciaré.

Yo podía sentir que ella ya no me amaba con sinceridad de corazón y que solo mantenía nuestro estado civil para evitar que los demás hablaran mal de ella. Su amor se enfrió debido a que yo no podía darle ningún beneficio sino que más bien le era una carga. Si ella hubiera sentido un verdadero amor conyugal, habría soportado todo dolor y habría hecho todo sacrificio en lugar de comportarse de manera dura, y no habría lastimado mi corazón.

El afecto entre padres e hijos

Un hombre y una mujer que se unen en la carne procrean un niño como fruto de su amor. Esa es la razón por la que dicen que el afecto entre padres e hijos no puede quebrarse. Cuando mi madre, quien me había amado mucho en mi infancia, me dijo que me muriera, llegué a comprender que no hay amor verdadero entre padres e hijos.

Hay una frase coreana que dice: «Una larga enfermedad no producirá un buen hijo». Mi larga enfermedad causaba que mis padres no fueran amables conmigo, y lejos de ser un buen hijo, las enfermedades me arrastraban a la muerte. Mi padre se alejó de mí porque temía que mi condición lastimara su posición social, y mi madre me pidió que me muriera porque no podía soportar más el dolor en su corazón. Yo considero que mis padres no sentían un amor verdadero por mí, porque si así hubiera sido, no habrían deseado que yo muriera ni siquiera si hubiera sufrido una discapacidad muy grande o si hubiera cometido un crimen grave.

Llegar a un final sin salida

Entre mis amistades tampoco logré encontrar un amigo verdadero. Un amigo en la necesidad es un amigo de verdad. Mientras yo sufría por mis enfermedades comprendí que encontrar la amistad verdadera es algo muy difícil. Algunos de mis amigos me ayudaron bastante; buscaron remedios en todo lugar. No obstante, cuando pensaron que yo no tenía esperanza de recuperación, todos ellos me abandonaron. La amistad es algo bueno, pero no siempre es permanente.

¿Qué hay de mis hermanos? ¿Podían ellos ofrecerme amor verdadero después de que mis padres me abandonaron? En mi pueblo natal solían decirnos que éramos buenos hermanos. Mis hermanos me decían: «Jaerock, no te preocupes. Nosotros te vamos a proteger, hermano. No temas». Y luego se olvidaron de sus palabras. Dejaron de apoyarme económicamente cuando se dieron cuenta de que hacerlo sería como tratar de poner agua en un recipiente sin fondo.

Las personas viven y se aman unas a otras. Sin embargo, también veo que muchos dejan de amarse cuando dejan de recibir amor mutuamente. ¿Es este un amor verdadero? A lo largo de mis siete años de sufrimiento yo llegué a comprender que el afecto entre la gente de este mundo no es el amor verdadero. Me entristeció entender esto:

El afecto es un amor humano.
El afecto no es el amor verdadero.
El afecto es un amor que cambia.
El afecto no es el amor sincero.
El amor verdadero es aquel por el cual puedes morir.
El amor verdadero jamás cambia.
El amor verdadero no existe en este mundo.
No lo tienen los padres.
No lo tienen los cónyuges.
No lo tienen los hermanos.
No lo tienen los padres ni los hijos.
No lo tienen los amigos.

Cuerpo enfermo y corazón roto

En marzo de 1968 me ocurrió un incidente de pesadilla. Unas horas de diversión me robaron la salud y nunca la recuperé. Todo empezó con una celebración por mi trabajo y mi matrimonio, pero lo único que quedó fue el dolor de la enfermedad. Yo bebí demasiado licor; este destruyó mi estómago hasta que dejó de funcionar.

Mi cuerpo enfermo

Mi estómago dejó de funcionar y esto causó que todos los demás órganos se debilitaran cada vez más. El vómito, el mareo, la indigestión y los dolores de cabeza me golpeaban con frecuencia. Los síntomas incrementaban más cada vez y causaban pérdida de apetito, fatiga, sarpullido, picazón y carencia total de motivación o energía. Sin embargo, eso no era todo. Mi boca estaba llena de úlceras; los resfriados y la tos no me dejaban porque estaba débil y no tenía defensas. En uno de mis oídos tenía una infección que causaba supuración constante.

Cuando yo estaba en el cuarto grado había un maestro al cual llamaban «Don Loco». Cierto día él me vio jugando con uno de mis amigos y pensó que estábamos peleando. Sin preguntar nada, él nos llamó y nos dijo que debíamos darnos un golpe mutuamente en la mejilla. No había razón para golpear a mi amigo, así que yo me quedé parado. Entonces Don Loco me pegó en la cara. Yo estaba sorprendido de recibir ese trato de parte de un maestro. Ese día él me rompió el tímpano, y luego fue echado de la escuela.

Desde entonces yo vivía con un problema de audición por lo que tenía que mirar atentamente los labios de quienes me hablaban. Yo no respondía a nada a menos que estuviera seguro de lo que me decían, y eso se convirtió en un nuevo hábito. Un tiempo después, un problema se desarrolló en el otro oído; la infección empeoró, supuraba más y olía mal. Poco a poco dejé de escuchar los sonidos suaves y cuando alguien me llamaba desde atrás o cuando hablaba por teléfono, me avergonzaba porque no podía escuchar bien. Cuando alguien me hablaba de frente yo no podía dejar de transpirar. Si el teléfono sonaba, yo salía de la habitación porque mi corazón comenzaba a latir, y más adelante la gente comenzó a mirarme diferente; sentía que me trataban como un loco y me vi capturado por un sentimiento de inferioridad.

Una especie de colapso nervioso se estaba apoderando de mí; tuve que dejar el trabajo como periodista y no pude conseguir una nuevo. Yo estaba casi sordo, por eso no podía desempeñar roles normales en mi comunidad.

En el verano padecía de pie de atleta y en el invierno se me congelaban las orejas y los pies; esto me causaba grandes molestias. La picazón era demasiado irritante y no la podía soportar; y para empeorar las cosas, todo mi cuerpo tenía sarpullido y picazón. Cuando me levantaba en la mañana notaba que salía pus de mis llagas. Mi esposa me habló de manera muy fuerte muchas veces porque yo no le hablaba sobre las llagas. Estas se difundían por todo el cuerpo y la inflamación empeoraba cada vez más, hasta que se me hizo imposible esconderlas de ella.

—Solo tienes una parte sana en tu cuerpo: tus ojos. ¡Qué bien! ¿Qué tipo de persona eres que cargas con todas estas inmundas enfermedades?

Aun en mi nariz tenía problemas. Yo no había notado que padecía de una infección sinusal. Siempre sentía pesada la cabeza, tenía la nariz tapada y estaba perdiendo mi capacidad de recordar.

Por supuesto, mi cuello tampoco podía estar normal. Tenía un ganglio linfático que al principio estaba inflamado y luego sentí algo sólido sobre él. Un bulto duro creció hasta alcanzar el tamaño de un fréjol y luego llegó al tamaño de una uva. Este bulto causaba presión en mi cuello, por lo que cada vez que giraba la cabeza, sentía dolor.

Aunque tenía muchas enfermedades, mi ropa escondía todos los males en mi piel. Quizás me veía débil ante los demás, pero me trataban como una persona saludable hasta el día en que la artritis reumatoide afectó mis rodillas. En 1972 comencé a sentir dolor en mis rodillas al caminar. Pronto perdí mi capacidad de caminar y tuve que depender de un bastón que me ayudara a llegar aun al baño. Con el tiempo llegué a requerir de alguien que vaciara mis desechos por mí.

Para mí era muy difícil soportar el dolor físico porque había estado acostumbrado a gozar de buena salud. No obstante, un dolor incluso peor se acercaba; el dolor mental que nadie podía comprender.

No podía escuchar

Como hombre enfermo, tenía mucho pesar. Mi tristeza provenía de mi falta de habilidad para escuchar. Aunque observaba con cuidado los labios de quien me hablaba, si me encontraba en un lugar bullicioso o lleno de personas, no lograba entender lo que me decían, así que a veces respondía algo incorrecto, o simplemente no respondía. Entonces comencé a sentir vergüenza acompaña de un sentimiento de inferioridad.

También era muy orgulloso, así que trataba de ocultar mi deficiencia para escuchar aunque esto me causaba dolor. Ni siquiera mi hermano mayor sabía que yo no podía escuchar bien aunque vivimos en la misma casa por varios meses. Él era un hombre de carácter fuerte y no entendía por qué yo, su hermano menor, miraba sus labios y hablaba lento. Él a menudo me abofeteaba porque no podía escucharlo bien.

No podía comer

Algunas personas dicen que el placer viene tras la responsabilidad. La necesidad de comer es básica en los seres humanos. ¿Qué ocurre si no comemos? Todos tenemos el deseo instintivo de comer, y si perdemos el deleite de hacerlo, no sentiremos ningún gozo en la vida.

Algunos días yo sentía un fuerte deseo de comer carne. Entonces mi esposa preparaba un plato especial con carne suave para mí. Aunque ella suavizaba la carne y la cortaba, a menudo se quedaba en mi estómago y luego causaba gran dolor. No obstante, luego de un tiempo nuevamente volvía a sentir el deseo de comer carne, pero al recordar el dolor, no podía obligarme a mí mismo a comerla.

—Querida, ¿cuándo podré volver a comer carne con arroz, sin límites?

Mi esposa sabía que ese día no llegaría, pero mostrando confianza me decía:

—Algún día podrás comer todo lo que quieras. Ese día te prepararé mi mejor receta. Pero por ahora, no comas mucho.

Yo no podía comer bien, por lo que bajaba de peso cada vez más y mi rostro se hizo muy delgado. Cuando me veía al espejo me preguntaba quién era aquella persona.

—¿Quién eres? —preguntaba en voz alta. Tenía los ojos grandes, los pómulos prominentes, las mejillas hundidas, los oídos sucios y la piel áspera... Era imposible ver mis rasgos originales entre aquellos.

No podía caminar

Para poder respirar aire fresco salía por un instante, apoyado en mi bastón. Cuando se me hizo imposible caminar en absoluto, mi vida se volvió una cárcel sin ventanas. Quedarme solo en la habitación me era algo demasiado sofocante a mi joven edad. Me sentía profundamente miserable porque no tenía lugar para trabajar, aunque yo deseaba un empleo. Como cabeza de la familia y como esposo, no lograba hacer nada, y eso me causaba un sentimiento de culpa que presionaba mi corazón.

Y además de esto mi esposa no comprendía lo que yo sentía, así que a menudo me destrozaba el corazón.

No podía generar dinero

Los acreedores perseguían a mi esposa. Esto causó que su amor por mí poco a poco se enfriara. Además ella se estaba convirtiendo en una esclava del dinero, pues ella creía que el dinero era la respuesta a toda mi desgracia y dejó de decir lo que antes decía, que era feliz tan solo con mi amor.

—El dinero me hace feliz. Necesito dinero. No te necesito a ti. Y a menos que obtengas dinero, no vengas a darme órdenes. ¿Entiendes? Tú eres el causante de todas estas dificultades, ¡todas!

Cada vez que ella me abandonaba jamás regresaba a menos que yo fuera a verla. Ella vivía conmigo por su obligación como esposa, no porque me amara como su esposo. Cuando yo comprendí que ella estaba conmigo solo por el afecto hacia nuestras hijas, mi corazón se quebró profundamente y fue imposible sanarlo. Así mi amor por ella también se enfrió y ese lugar lo ocupó un profundo pesar.

Mi corazón se rompió en mil pedazos

El dolor que mi esposa me causó fue insoportable dado que estaba basado en el dinero. Por otro lado, este dolor provino de la ira que la familia de mi esposa sentía hacia mí. Sin duda, ella debió haber presentado todas sus quejas contra mí ante su familia cuando me abandonaba.

—¿Lo ves? Te dijimos que no te casaras con él. ¿Por qué estaba tan ansioso de casarse contigo? Seguramente estaba enfermo antes de casarse contigo. ¿Por qué entonces no puede trabajar y obtener dinero ahora? ¡Él te engañó! ¡Es un mentiroso! ¡Es un descarado!

Cierto día toda la familia de mi esposa se presentó y se quejaron contra mí.
—Tú, yerno inútil. Dime, ¿qué hay de malo con mi hija? ¿Por qué la golpeaste?
Ellos estaban exagerando y alegaban que yo la había golpeado.
—Tú, cuñado. ¿Por qué mejor no te divorcias? Pienso que así ambos estarían mejor.
—¿Eres un hombre? ¿Cómo puedes permitir que tu esposa trabaje tan duro? ¿Acaso ella no ha hecho bastante ya?
—Tú, inválido estúpido. ¡No digas nada! Te exigimos que le extiendas el divorcio en este instante.

Ellos gritaron lo suficientemente alto para que lo escucharan los vecinos y luego se fueron, como si no hubiesen hecho nada malo. ¡Cuán desdeñoso y doloroso! Esto superó lo que las palabras pueden describir. Ellos no conocían nada de mi corazón. Ellos simplemente vieron mi cuerpo enfermo y me trataron como un inválido. Jamás intentaron comprender cuán enfermo me sentía; me lastimaron y se quejaron diciendo que yo les era inútil. Lo que me hicieron fue inhumano, totalmente carente de aprecio, sin amor en absoluto.
Cuando enfermé las personas me abandonaron, una por una.

Al principio me sacaron de su corazón, y luego me abandonaron. Yo me sentía muy herido al verme olvidado y desamparado. Nadie se me acercó para consolarme. Cuando escucharon que yo estaba enfermo, solo me mostraron lástima y me ofrecieron poca ayuda, pero al enterarse de que no tenía esperanza de recuperación, todos me abandonaron. Nadie me amaba en verdad. Si hay algo que ellos sí me dieron es un dolor incurable y un corazón hecho pedazos.

¿Qué haría usted si uno de sus padres o su cónyuge enferma por muchos años? ¿Cómo trataría a sus padres o a su cónyuge si llegan a padecer lepra o SIDA? ¿Alejaría usted su rostro dado que esa persona solo le causa un dolor de cabeza? ¿Atormentaría usted a la persona de forma verbal y espiritual, y rompería su corazón porque le es una molestia? ¿Cuidaría usted de la persona por obligación, porque es uno de los miembros de su familia? ¿O cuidará usted de aquella persona con calor humano y amor, con disposición para sacrificarse a sí mismo?

Esto no es fácil de lograr con el amor humano, pero con el amor de Dios usted podrá superar toda dificultad.

> *El amor es sufrido, es benigno; el amor no tiene envidia, el amor no es jactancioso, no se envanece; no hace nada indebido, no busca lo suyo, no se irrita, no guarda rencor; no se goza de la injusticia, mas se goza de la verdad. Todo lo sufre, todo lo cree, todo lo espera, todo lo soporta* (1 Corintios 13:4-7).

Vida miserable inmortal

Yo había intentado suicidarme dos veces. Fallé en ambos intentos. Estaba al borde de la muerte porque no podía comer. Mi vida parecía una vida sin final.

Primer intento de suicidio

Hasta el último grado de la escuela, yo estaba a menudo ausente, porque cuando estaba en cuarto grado accidentalmente me lastimé las costillas mientras jugaba a las patadas con un estudiante de secundaria. Mi orgullo no me permitía confiar en ninguna otra persona por ninguna razón, y era demasiado tímido para revelar que estaba herido. El dolor en mi cuerpo se hizo más intenso y me obligó a faltar a la escuela muchas veces, por lo que mis calificaciones bajaron y renuncié al intento de entrar a la universidad ese año; decidí aplicar el siguiente año en la Universidad Nacional de Seúl.

El segundo año de preparación para la admisión en la universidad, se me dio la digna oportunidad de evaluar mis habilidades. Yo no dormía más de cuatro horas al día. Para permanecer despierto ingería píldoras, y hasta establecí mis propias reglas para castigarme a mí mismo si me levantaba tarde.

Si no me levantaba cuando sonaba la alarma, comenzaba a contar: 1... 2... 3... Si me pasaba del 3, no podía comer el desayuno. Entonces, para no morir de hambre, yo me levantaba a tiempo. Cada mañana iba a la biblioteca pública para estudiar para el examen de admisión a la universidad, y dado que estudiaba mucho, yo mejoraba cada día. A mí me gustaba estudiar y me sentía alegre porque estaba seguro de que lograría ingresar a la Escuela de Ingeniería de la Universidad Nacional de Seúl.

No obstante, cierto día ocurrió algo extraño. Claro está que en ese tiempo no conocía el proverbio que dice: *«El corazón del hombre piensa su camino; mas Jehová endereza sus pasos»* (Proverbios 16:9).

Durante un descanso, yo estaba leyendo el periódico y no lograba recordar el nombre del presidente a quien estaba mirando en una fotografía.

¿Cómo se llama? Simplemente no lograba recordarlo. ¿Qué me ocurre? ¿Por qué no puedo recordarlo? Me esforcé por recordar su nombre, pero no lo logré.

Ah, sí. Yi... Su apellido es Yi. ¿Por qué no recuerdo su nombre? Quizás he estudiado demasiado. ¿Cómo puedo olvidar algo tan común?

Me sentí un poco extraño, un tanto perdido. Entonces traté de recordar lo que había estudiado. Una fórmula matemática... ¿Algo de factorización? ¡Nada...! Vaya, ¿qué me ocurre? No logro recordar ni lo más simple. Ese momento tuve un mal presentimiento.

Quizás algo relacionado con el idioma nacional. Había memorizado un poema antiguo, pero no lograba recordar el nombre del poeta ni el título del poema. Me sentí asombrado y también atemorizado. ¿Qué me ocurre? ¿He perdido la memoria? ¿O simplemente estoy distraído? ¿Cómo es posible que me esté ocurriendo esto? No pude dormir toda la noche.

Al siguiente día volví a evaluarme para verificar si recordaba las cosas que había estudiado por tantos meses, pero tampoco logré recordar nada, sin importar cuánto lo intentara. Sentí que estaba cayendo a un gran hoyo y comencé a cuestionar el valor de mi vida; me sentí abrumado. Me di cuenta de que no tenía razón para vivir en este mundo.

Sería mejor que yo estuviera muerto... Así no decepcionaría a mis padres por no poder cumplir sus deseos. ¡Qué vergonzoso sería si yo fracaso y no logro entrar a la universidad después de intentarlo dos veces!

Pensé que mi muerte sería la solución a todo, así que pasé por todas las farmacias de la Calle Uljiro y compré somníferos; veinte en total. Saqué mi diario y lo quemé, cada una de sus páginas por individual, y examiné los veinte años de mi vida. Arreglé mis cosas y le dije adiós a la vida. Escogí el día de mi muerte e hice un plan detallado para quitarme la vida.

Durante el tiempo que yo estudiaba vivía en una habitación alquilada ubicada cerca de la casa de mi hermana mayor; allí comía cada día. Yo compartía la habitación con mi hermano mayor quien, por lo general, regresaba del trabajo alrededor de las once de la noche. Yo me quedaba solo en la habitación hasta que él regresaba, por lo que estimé que sería un buen lugar donde dejar de vivir.

Limpié mi habitación y escribí notas suicidas para mis padres y mis hermanos. Mi plan era perfecto; solo esperaba la señal.

Según mi plan, primero iría a la casa de mi hermana mayor.

—Hermana, voy a ir a casa de un amigo para estudiar esta noche. No me esperes para la cena, ¿de acuerdo?

Mi generosa hermana me creyó y continuó en sus labores.

Yo regresé a la habitación, puse mis zapatos dentro de la habitación y cerré la puerta. Extendí una manta e ingerí las veinte píldoras que había preparado, pero no me causaron sueño por un buen rato. Luego me recosté sobre la manta, y entonces perdí la consciencia.

Aquella noche mi cuñado y mi hermano habían sentido un extraño impulso a regresar a casa más temprano de lo normal, así que cerraron su almacén y fueron directo a casa, sin darse tiempo para pasar por su rutinaria bebida. Luego fueron a la habitación para verme a pesar de que se les había dicho que yo estaría en casa de un amigo. Por lo general, me dejaban solo para no interrumpir mis estudios, pero esa noche decidieron ir a la habitación; la encontraron asegurada. Debido a que no les pareció algo normal, forzaron la puerta para entrar y me encontraron recostado, casi muerto. Me llevaron al hospital de inmediato. Según los médicos era imposible que yo sobreviviera porque había ingerido demasiadas pastillas y había pasado demasiado tiempo. No obstante, en pocos días recobré la consciencia y pronto pude retomar mi vida normal. Todos decían que haber vuelto a la vida era un milagro.

Yo comprendí entonces lo que dice el viejo refrán: «La vida y la muerte son providenciales». Por causa de esta experiencia decidí tomar los exámenes de admisión a la universidad e hice mi mayor esfuerzo. Con persistencia apliqué para lo que había sido mi larga meta, la Escuela de Ingeniería de la Universidad

Nacional de Seúl, pero fracasé, así que apliqué para la misma escuela en la Universidad de Hanyang, y esta vez aprobé.

Este es el relato de mi primer intento de suicidio.

Segundo intento de suicidio

Yo intenté quitarme la vida otra vez.

Cuando estaba enfermo, nadie cuidaba de mí; incluso mi esposa me abandonó, y por eso deseé la muerte una vez más. Yo compré y reuní algunos somníferos con este propósito. Cuando mi esposa decidió abandonarme, perdí toda esperanza. Entonces ingerí todas las píldoras y esperé la muerte.

Yo era muy intransigente. Mi esposa, quien se encontraba con sus padres, no podía dormir esa noche. Ella tuvo el presentimiento de que algo sucedía en nuestra casa, así que tomó un taxi para ir a verme. Yo, por otro lado, estaba muriendo. De ese modo falló mi segundo intento de morir.

Sin importar cuánto lo intente, no puedo morir. Ya no voy a seguir intentando porque es inútil. Por alguna providencia, mi vida no me pertenece. Soy como el ave que nunca muere…

Desde entonces obtuve un fuerte deseo de vivir. En las entrañas de mi ser se despertó la llama de la vida y de repente mis intentos por morir me llevaron a un intenso deseo de vivir, y dejé de pensar en quitarme la vida.

Viviría para vengarme

Cuando estaba enfermo muchas personas se burlaron de mí: mi propia madre, mi esposa, los miembros de mi familia y otros parientes. Mientras más se burlaban, mayor era mi deseo de sobrevivir.

Al igual que la lava que emana de un volcán, yo tenía algo que hervía en el fondo de mi corazón y que buscaba vengarse de todos.

—Madre, ¿por qué tendría que morir? Te demostraré lo contrario. En el futuro me verás sano.
—Querida, te traeré más dinero del que jamás has deseado. Simplemente espera aquel día. ¡Vas a lamentarlo todo!
—Suegra, no me trate de ese modo. ¡Se arrepentirá!

¿Qué les ocurriría a mis hijas si yo muero?

Yo tenía otra razón para sobrevivir.

Mis hijas. Qué educación tan miserable recibieron por causa de mi enfermedad. Yo debía vivir para compensarles toda pérdida. Yo era un mal padre para ellas. Cuando estaba enfermo y con mi corazón roto, a menudo me enojaba con ellas. Las trataba mal y con rabia en lugar de demostrarles amor. La mayor parte del tiempo las consideré como algo irritante.

Ellas deberían crecer rodeadas de amor. Si yo muero, ¿quién les proveerá ese amor? Debo vivir para poder cumplir mi responsabilidad como padre. Si estando vivo algunos han tratado mal y se han burlado de mis hijas, cuán despreciadas serían al quedar como hijas de una madre sola. Además, mi segunda hija fue destetada y separada de sus padres a una edad muy temprana. Mi esposa no podía cuidarla. ¿Quién se interesaría por ella?

Debo vivir por amor propio, en primer lugar. Mi vida me pertenece; nadie más vivirá en mi lugar. Si vivía podría cumplir mi responsabilidad como padre y esposo. Debo vivir para poder vengarme de todos los que me consideraron una carga.

Tomé la firme decisión de vivir.

Para poder hacer de mi hogar un lugar acogedor y alegre, debía vivir y cumplir mi responsabilidad; debía mantenerme consciente y salir vivo de la guarida del tigre. Tras haber estado al borde de la muerte, comencé a sentir un fuerte deseo de vivir con la esperanza de que mi vida fuera digna y buena.

Los largos siete años de mi vida en el valle de la muerte al final me llenaron de la esperanza de un futuro mejor.

Mi hermana mayor

Cuando las ranas se despertaban de su sueño de invierno y el viento frío se retiraba en presencia de las campanas doradas que florecían, la primavera también llegaba para mí.

El año 1974 era el séptimo año de mi vida miserable en el valle de la muerte. De repente sentí un anhelo en el fondo de mi corazón de salir a algún sitio para disfrutar de la primavera.

Ningún miembro de mi familia o persona particular había venido a visitarme.

Cierto día, mi segunda hermana mayor vino a verme y yo me sentí muy feliz al verla. Fue como encontrar un oasis en el desierto; yo extrañaba mucho a la gente y su amor.

Mi hermana mayor vino a verme

Mi segunda hermana mayor estaba cultivando en mi pueblo natal, pero a veces ella venía a Seúl para visitar a sus hijos que estaban estudiando en la escuela de esa ciudad. Era un tiempo muy ocupado para los agricultores, por lo que su visita me sorprendió mucho.

—Oh, hermana. ¿Qué te ha hecho venir hasta aquí?

—Tengo algo que hacer en Seúl, hermano.

Ella se veía tan feliz como un niño y me habló de muchas

cosas que habían ocurrido desde la última vez que nos vimos. Disfrutamos una larga conversación; yo estaba muy feliz de verla. De pronto se detuvo y con prudencia me preguntó:

—Hermano, ¿me harías un favor?

Eso me llamó la atención porque yo no podía hacer absolutamente nada por nadie.

—Como te dije antes, deseo mucho visitar un lugar en Seúl. Me refiero a la Casa de oración Shinae que está en Sodaemoon. Tu cuñado me permitió ir esta vez. Hermano, ¿puedes llevarme ahí, por favor?

Ella con sinceridad me pidió este favor con el anhelo de poder asistir a la reunión que tenían allí, y su petición fue demasiado sincera como para que yo pudiera negarme, pero tenía que rechazarla.

—Hermana, sabes que no puedo. ¿Por qué me pides eso? Podrías pedirle a alguien más que te lleve. ¿Por qué no se lo pides a Hyunkwon o a Hyunsoo? Tienes dos hijos que pueden llevarte.

Sin embargo, ella insistía en que yo la llevara.

—Hermano, soy una extraña en Seúl y mis hijos tienen que ir a la escuela. En verdad deseo ir, por eso te lo pido.

No podía negarme ante mi hermana mayor. Además yo mismo deseaba salir un rato. Cuando acepté y le dije que la llevaría, ella se sintió muy complacida.

—¡Qué amable eres, hermano! Muchas gracias. Debes estar listo mañana temprano. Yo regresaré. ¿De acuerdo? Ahora debo irme para hacer la cena para mis hijos.

Mientras la observaba salir de la habitación, sus pasos

parecían flotar de alegría y su felicidad también me hizo sentir feliz, más todavía al reconocer que yo sí podía ayudar a los demás.

Tengo seis hermanos en total; yo soy el menor de todos. Tengo dos hermanos y tres hermanas mayores. De todos ellos, mi segunda hermana mayor es mi predilecta. Desde que nací, ella no solo ha sido generosa y cariñosa, sino que también es amable y diligente, por eso todos la aman.

Desafortunadamente, cuando ella era aún una bebé, un día sufrió una fiebre muy alta que causó que perdiera la vista en uno de sus ojos. Su cuerpo muy pequeño, sus rasgos de persona diminuta y la ceguera fueron causa de burlas por parte de muchas personas.

Cuando ella llegó a la adolescencia se deprimió mucho por su apariencia, pues era muy pequeña y ciega de un ojo. Yo solía decirle que debía quedarse soltera.

Pero algunos vecinos mayores que tenían hijos adultos la querían como su nuera, así que se casó con un hombre de un pueblo cercano. Después de casarse ella trabajaba muy duro y administraba bien su nuevo hogar. Además ella se esforzó mucho por preparar los doce servicios memoriales que celebraban cada año, y dio a luz a tres hijos y dos hijas a quienes educó con mucho cuidado.

Mi hermana mayor aceptó a Jesús

Cierto día una anciana cristiana que vivía en el mismo pueblo visitó a mi hermana y le habló de la Palabra de Dios. Esto le causó a mi hermana una alegría tan profunda que ella anheló poder dirigir una iglesia. Sin embargo, en aquel entonces ella vivía muy ocupada por sus labores agrícolas, que ni siquiera podía ir a la iglesia. Entonces una jovencita ciega que era hija de una diaconisa mayor, la visitaba para hablar sobre la vida cristiana. La joven ciega iba a ver a mi hermana cada día y le hablaba de Dios; su sinceridad y lo que hablaba fue tan interesante para mi hermana mayor que no quería dejar de escuchar sus historias. Más adelante mi hermana visitó la iglesia; su felicidad y gozo fueron desbordantes, y aquel día se volvió inolvidable para ella.

Desde entonces mi hermana mayor nunca ha dejado de asistir a la iglesia los domingos. Cada vez que escuchaba el sonido de las campanas de la iglesia, ella se apresuraba a terminar su trabajo para poder ir y siempre se sintió muy cómoda; y mientras trabajaba en sus labores en casa o en el campo, ella cantaba himnos.

Aunque ella estaba ocupada en el campo, separaba todo el tiempo que le era posible para escuchar la Palabra de Dios, y cuando salía a trabajar llevaba un radio en una cesta, sintonizaba la estación de radio cristiana y aprendía himnos, cantos y la Palabra de Dios. La adoración a Dios, la evangelización a la gente y la oración se convirtieron en la meta de su vida. Nada le causaba mayor felicidad.

Aun en medio de la temporada más ocupada de los agricultores, la de la plantación de arroz, ella no dejaba de guardar el Día del Señor y nunca se levantaba tarde, a pesar de que asistía a las reuniones de oración tarde en la noche. Aunque se levantaba temprano y trabajaba muy duro, siempre tenía una sonrisa en su rostro. Sus vecinos a menudo le decían: «Jamás te he visto enferma. ¿Llevas una vida saludable y feliz porque crees en Jesús?».

Entonces ella no perdía la oportunidad de compartir el evangelio con los demás.

Ella jamás dejaba ningún trabajo pendiente ni abandonado antes de ir a la iglesia, y ningún miembro de la familia de su esposo, tampoco los vecinos, le causaron dificultades relacionadas con su fe cristiana. Por otro lado, nuestra madre y hermanos sí le causaron dificultades. A ellos no les agradaba que ella sirviera en la iglesia con tanta sinceridad ni que evangelizara a todo el que le fuera posible.

Cada domingo ella se levantaba temprano y terminaba todas las tareas de la casa para entonces ir a la iglesia y limpiar el altar antes de comenzar el servicio. Cuando recogía sus primeras cosechas llevaba algunas con ella; de manera secreta las ponía en casa del pastor y salía sigilosamente para no ser vista. A nuestra madre le desagradaba que ella hiciera eso, y la reprendía por ello.

—¿Acaso tienes que dar tu comida a la iglesia? Se van a aprovechar de ti. ¡Deja de ir a esa iglesia; ya despierta!

Sin frenar su lengua, mi madre reprendía a mi hermana, pero no lograba nada, pues mi hermana respondía:

—Mamá, por favor acepta a Jesús. No sabes cuánta felicidad y gozo hay en creer en Jesús.

Mi hermana procuró difundir el evangelio en cada oportunidad, y ella creía que tener fe era más precioso que las riquezas o el honor en este mundo. Con fervor oraba por su esposo y por sus hijos cuando ellos no iban a la iglesia y estuvo dispuesta a soportar toda dificultad y maltrato por la causa.

Ella ofreció un aro de oro para Dios

Cuando mi hermana escuchaba sobre un avivamiento, siempre procuraba asistir a las reuniones. Ella amaba tanto a Dios que le entregó algo que le era muy preciado: un aro de oro.

—Padre, dame una fe tan preciosa como este aro de oro. Por favor, dame fe como el oro que nunca cambia. Ella entregó su aro de matrimonio a Dios, no a cambio de riquezas sino por una fe como el oro.

Yo acepté llevarla aquel día, y eso le causó gran alegría. Eso me recordó los días pasados cuando ella me aconsejaba que fuera a la iglesia.

—Hermano, has comenzado a vivir una nueva vida de casado. ¿Por qué no comienzas también una vida cristiana ahora?

No obstante, su consejo entró por uno de mis oídos y salió por el otro, pero ella no dejó que compartirme el evangelio cada vez que me veía. Cuando yo enfermé, ella vino a visitarme.

—Hermana, ¿crees que puedo ser sanado si creo en Jesús? Yo no lo creo. ¿Quién puede sanar enfermedades que la ciencia médica moderna no puede curar? ¿Dónde está Dios? ¿Dónde está el cielo? ¿Lo has visto alguna vez? Lamento decir todo esto, hermana, pero me parece que has sido engañada. Es tan fácil engañarte porque eres ingenua. Por favor, no me vuelvas a pedir que vaya a esa iglesia.

Mi áspera respuesta no logró que mi hermana se diera por

vencida. Cuando ella llegó a Seúl, con insistencia me animó a que creyera en Jesús. Ella era la única persona que me alentaba durante mi desdichada vida de enfermedad al umbral de la muerte.

—Hermano, parece que ya no te queda nada más que la muerte, ¿no es así? Escucha, hermano. Sí hay una manera de que tú sobrevivas. ¡Puedes recuperar tu salud! Acepta a Jesús. Esa es la única manera de lograrlo.

Yo no hice ningún esfuerzo por ir a la iglesia, pero su sincero entusiasmo por compartir el evangelio conmigo hizo que algo naciera en mi corazón. Puedo ser sanado si creo en Jesús... Entonces decidí llevarla a la iglesia aunque me sentía mentalmente exhausto.

La sabiduría que Dios le dio a mi hermana mayor

La petición de mi hermana para que la llevara a la iglesia fue la sabiduría maravillosa que Dios usó para sacarme del umbral de la muerte y llevarme a una nueva vida. El Dios vivo, quien escogió lo necio del mundo para hacerlo sabio y al pobre para hacerlo rico, le dio sabiduría a mi hermana y abrió la puerta para mí, un necio que no sabía cómo aprovechar la vida. Dios obró en mí para responder la sincera oración de mi hermana:

—Padre, por favor ayuda a mi hermano a conocerte. Sánalo y permite que te glorifique y que comparta el evangelio de salvación a los demás miembros de la familia.

¿Cómo podía yo, un necio, comprender la sabiduría de Dios para que esta obrara en mí? La sabiduría me alcanzó como un rayo de luz que vence la muerte. Este rayo de luz me protegió y me llevó a seguir el consejo de mi hermana.

Mi segunda hermana mayor es actualmente una diaconisa principal en mi iglesia; ella sirve al reino y la justicia de Dios y es una devota guerrera de oración. Su vida diaria se caracteriza por la oración, el evangelismo a las demás personas y la gratitud a Dios quien la ama y la bendice con una sólida fe y esperanza. Ella supera las dificultades para llevar una vida de victoria y sus hijos crecen bien y se convierten en siervos de Dios que trabajan en la misión mundial.

Mi nueva vida

Fui a la Casa de oración de Hyun Shinae

Al siguiente día mi hermana vino hasta mi casa para apresurarme; me tomaba un largo tiempo bajar por la colina apoyado en mi bastón.

Luego de viajar en un autobús lleno de personas, llegamos a la Casa de oración de Hyun Shinae. Sus alabanzas se escuchaban desde afuera.

—Vamos, hermano. Hemos llegado tarde. Apresúrate. Entremos.

Se supone que yo debía llevarla, pero en realidad ella me llevó a mí.

Entramos al edificio y noté que el segundo piso no tenía más espacio para que se sentaran las personas. Entonces traté de caminar por el desnivel que estaba reservado para los pacientes. Me sostuve de los pasamanos y di pequeños pasos para llegar al tercer piso. Sentí dolor en mis rodillas y comencé a sudar frío.

Muchas personas pasaron por mi lado hasta que pude encontrar un lugar en el tercer piso. Me sentía exhausto, por lo que me tomé un tiempo para recobrar el aliento. Las personas seguían llegando y se sentaban a mi alrededor. Yo me preguntaba por qué tantas personas se reunían en el lugar.

Cuando miré al frente vi una mujer con un vestido blanco hablando al micrófono. Ella estaba predicando, y lo hacía de una manera muy animada. Muchos levantaban sus manos y respondían diciendo «Amén». Yo me sentía incómodo y temeroso porque no podía escuchar bien y todo lo que ocurría me era desconocido.

No podía ver a mi hermana que había estado sentada a mi lado, pero vi que todos comenzaron a orar en voz alta. Algunos individuos abrían su boca ampliamente mientras oraban; a mí me parecía que estaban locos. Unos levantaban sus brazos, otros sacudían sus cuerpos, algunos lloraban y se golpeaban el pecho mientras que otros se mantenían callados, con su boca cerrada.

¿Qué les ocurre a estas personas? ¿Qué tipo de lugar es este? ¿Por qué vine aquí? Más me conviene salir de este lugar a toda prisa. ¡Todos están locos! Si me quedo más tiempo me volveré como ellos. Me iré de inmediato.

Yo nunca antes había ido a una iglesia, pero pensaba que los creyentes oraban y se sentaban muy callados. Al contrario, la gente de la Casa de oración de Hyun Shinae era todo lo opuesto a lo que yo había imaginado.

Cuando encontré a mi hermana, me decepcioné de su comportamiento. Por lo general, ella era una persona tímida, pero en ese momento se estaba comportando igual que los demás: sacudía su cuerpo, levantaba sus manos, lloraba y clamaba. Me parecía difícil de creer.

¿Es esta mi hermana? ¡No puedo creerlo! ¿Dónde está mi hermana callada y tímida?

Pensé en su sincero pedido de que fuéramos juntos a ese

lugar y no me atreví a decirle que regresáramos a casa, pero tampoco quería desperdiciar el tiempo solo mirando alrededor. Cuando miré a mi hermana actuando de modo tan distinto pensé que era posible que existiera cierto mundo misterioso. Entonces yo también me puse de rodillas como mi hermana. Cerré mis ojos, junté mis manos y comencé a orar.

Cuando empecé a orar

En ese preciso instante mi cuerpo comenzó a sentirse tan caliente como el fuego, y pronto me vi bañado en el sudor que corría por mi espalda.

¿¡Por qué estoy traspirando tanto!? Me preguntaba qué me estaba ocurriendo. Al principio pensé que se trataba de mi timidez. (Más adelante aprendí que se trataba del fuego del Espíritu Santo).

Dejé de sentir temor o desagrado y me interesé por saber qué era lo que estaba diciendo la señora del vestido blanco. Entonces alguien me tocó la espalda. Era mi hermana.

—Hermano mío. Es hora de ir a recibir su oración. Tú estás enfermo. ¿Por qué no hacerlo? La oración final es siempre la más poderosa.

Ella se veía muy feliz; su rostro mostraba una gran sonrisa. Mientras esperaba mi turno para recibir la oración, vi algo que me pareció misterioso. Algunas personas estaban compartiendo sus testimonios. Decían que casi habían muerto por causa de una enfermedad pero que fueron sanados después de recibir la oración en ese lugar, y demostraban mucha sinceridad y pleno gozo. Esas personas que daban gracias y gloria a Dios por perdonarlos y sanarlos me parecían santas.

Me gustaría recibir la oración

Todos los que esperaban en línea se veían muy sinceros y fieles. Mi turno llegó, así que incliné mi cabeza para recibir la oración de parte de la diaconisa mayor Hyun. Ella puso su mano sobre mi cabeza, la presionó un poco, me dio unos golpecitos en la espalda, dijo algo y me empujó hacia un lado. Quedé lejos del lugar donde había recibido la oración. El piso estaba muy resbaladizo debido a que muchas personas habían caminado sobre él; yo resbalé y caí, y al levantarme sentí mucha vergüenza.

¿En verdad esta oración sana enfermedades?

Yo observé con cierta duda la larga fila de pacientes que parecían prisioneros de guerra en custodia. Me recordaron los Sucesos de Jungup, donde una mujer levantó un escenario de sanación falso y engañó a muchos pacientes. Sus cómplices difundieron el rumor de que ella podía sanar cualquier enfermedad, y eso hizo que muchas personas acudieran a la ciudad de Jungup. Miles de pacientes viajaron individualmente o en grupos, aun en buses fletados, de todas partes del país. Ella se hizo famosa y las noticias la anunciaban como la sanadora de todas las enfermedades. Sin embargo, se descubrió que la mujer y su asistente habían engañado a cada paciente con una sanidad falsa. Más adelante la arrestaron por fraude.

Mientras pensaba en esto me encontré en el primer piso. No sé cómo llegué ahí sin sentir dolor en mis rodillas, pues había bajado desde el tercer piso. Mi hermana solamente sonreía ya que se había cumplido su anhelo más esperado.

De regreso a casa tomamos un autobús; yo me senté porque estaba exhausto. A medida que miraba perdidamente por la ventana, me ocurrió algo extraño. Algo semejante a truenos sonaba en mis oídos constantemente, pero al bajarme del autobús en el mercado de Gumho-dong, dejé de escuchar aquel sonido de estruendo.

¿Qué sonido era ese que escuché en el bus? ¿Por qué ese sonido era tan fuerte? Mientras miraba el cielo, no podía dejar de preguntarme esto.

Una vez en el mercado, mi hermana y yo nos despedimos; ella se fue a ver a sus hijos y yo me dirigí hasta el pequeño bar de mi esposa.

Querida, dame un poco de arroz

Mi esposa administraba un pequeño bar para así cubrir las necesidades de la familia. Ella hacía fideos y algunos bocadillos fritos para la venta. Su sabor era tan bueno que atraía a muchos clientes.

Cuando vi los platos servidos en el mostrador sentí mucha hambre. Se veían muy deliciosos, por lo que me metí en el bar y le pedí a mi esposa que me diera un poco.

—Querida, tengo mucha hambre. ¿Podrías darme un poco de arroz y carne? ¡Pero apresúrate!

—¿Dijiste arroz y carne? ¿Perdiste la cabeza? ¿Acaso la visita a la Casa de oración de Hyun Shinae te hizo eso? ¡Recuerda que la carne puede matarte! Mejor espera. Cocinaré otra cosa para ti.

Ella estaba muy ocupada, por lo que le dije:

—Escucha, querida. Siento que ahora puedo comer cualquier cosa. No te preocupes por mi digestión. Solo dame un poco de carne, por favor.

Ella giró su rostro y me vio pedir como un niño; me miró por un momento y de mala gana me ofreció un poco de carne y arroz. Mi boca disfrutó tanto aquella comida y mi lengua se deleitó como si fuese helado. Antes no había logrado ingerir carne en absoluto, pero esta vez en verdad estaba disfrutando y comiendo sin problemas. Comí el recipiente de arroz y el plato de carne muy rápido. Eso causó mucha preocupación a mi esposa.

—¿Te encuentras bien?

Para mí esto era como «el placer después de la responsabilidad». Me di cuenta de que comer es un placer esencial para la vida del ser humano; me apoyé en el espaldar de la silla y disfruté el sentimiento de satisfacción. De repente, escuché un sonido con claridad.

¡Querida, puedo escuchar!

No me había dado cuenta en qué momento comencé a hablar con el cliente sentado en la mesa del lado.

—Señor, ¿qué es lo que acaba de decir? ¿Pidió algo de comer, no es así?

—Sí, así es. Pedí Ttukbokki (arroz picante) para dos personas. ¿Ya está listo? —él me respondió con incertidumbre.

Yo, por otro lado, salté de alegría. Corrí hacia mi esposa y le dije:

—Querida, dos órdenes de Ttukbokki —y continué

gritando—: ¡Puedo escuchar! ¡Ya puedo escuchar! ¡Escucho claramente lo que dicen! ¡Muy claramente!

Mi alegría era desbordante y me puse a llorar; las lágrimas abundaron en mis ojos.

Ahora logré entender por qué había escuchado aquel sonido de estruendo en el autobús; estaba escuchando el sonido del motor y el bullicio de los pasajeros. Jamás pensé que volvería a escuchar, pues tenía los tímpanos rotos.

Esa noche mi esposa y yo nos alegramos mucho porque podía escuchar de nuevo y con claridad, aunque no entendíamos cómo ni por qué sucedió. Me quedé dormido con un gran sentimiento de felicidad y al siguiente día pensé que había dormido muy bien porque había salido de mi habitación por primera vez en años.

Cada mañana yo comenzaba el día con una rutina: iba al baño para lavarme la cara, cepillarme los dientes y limpiarme el cuerpo. Hacía esto solo porque no quería que mi esposa viera mis sucias llagas en la piel.

La mañana del 18 de abril de 1974 fui al baño y aseguré la puerta como de costumbre. Puse una mota de algodón en el extremo de un palillo para limpiarme los oídos. Coloqué el palillo en mis oídos para limpiar el pus que supuraban durante la noche. No obstante, el algodón estaba limpio. Metí el palillo otra vez, y salió limpio de nuevo. ¿Qué pasa? ¿Por qué sale limpio? Metí el palillo en el otro oído. Salió sin pus ni suciedad. De repente, mi corazón comenzó a palpitar fuerte. Me pareció que volvía a escuchar los testimonios que compartían los pacientes de la Casa de oración de Hyun Shinae: «¡El Dios vivo sanó todas mis enfermedades!».

Traté de calmarme y bajé la mirada hasta las manos para ver si había pus entre mis dedos. ¿Vaya, qué pasó con el pus? ¡No hay pus! ¡Asombroso! ¡Se ha secado! Ya no había más pus amarillento. Solo se habían formado costras negras durante esa noche especial. Levanté las mangas de mi camisa para revisar mis codos. Solo tenían costras negras. No pude quedarme más tiempo en el baño. Salí a toda prisa de la habitación y me quité la ropa. Mi corazón latía rápidamente, pues estaba a punto de revisar mis nudillos y mis huesos. No había pus; tampoco en mis rodillas ni tobillos.

Con mis ojos bien abiertos yo revisé mi cuello con mis dedos. No había ningún bulto. ¿A dónde se fueron los bultos del tamaño de uvas? ¡Estaban aquí! ¿En dónde están? ¡Han desaparecido! ¡No hay más bultos en mi cuello! Me toqué y deslicé mis dedos por todo mi cuello, pero no pude sentir ningún bulto. Todo esto me era sorprendente. En cierto modo me sentía desconcertado. Mi corazón latía muy rápido y mi aliento casi se detuvo.

Puse ambas manos sobre mi cabeza y me apoyé sobre la pared. Entonces traté de recordar cómo me había sentido la mañana anterior. Ni siquiera podía levantarme al despertar. Tuve que apoyarme contra la pared por un momento antes de pararme para ir al baño, casi gateando.

¿Cómo me sentía esta mañana? Me levanté fácilmente, sin mareos, sin dolor al caminar; mis rodillas estaban rectas y todo me fue fácil porque no sentía ningún dolor. Doblé mis rodillas; no había dolor en absoluto.

¡Dios me sanó!

¿Cómo podía estar ocurriendo esto? Yo no había ingerido ningún medicamento ni había recibido una vacuna. ¿Cómo es posible que yo haya recibido este milagro? ¡Dios debió haberme sanado! Intenté calmarme. Pensé en lo que había ocurrido en la Casa de oración de Hyun Shinae cuando fui con mi hermana: subí hasta el tercer piso con gran esfuerzo; mi cuerpo se tornó caliente como el fuego cuando me incliné para orar... luego el temor desapareció. Me fue fácil bajar las escaleras para recibir la oración, y entonces comencé a preguntarme por qué desde ese momento podía caminar y todas mis enfermedades habían sido sanadas.

Yo estaba sano, y podía caminar y escuchar. El pus dejó de supurar en mis heridas y mi piel estaba seca. Los bultos en mi cuello habían desaparecido. ¡Así es! ¡Así es!

Yo solo movía la cabeza y tuve que reconocer que el Dios vivo había hecho este milagro en mí. No pude evitar caer de rodillas ante el Dios todopoderoso. No me di cuenta de las cálidas lágrimas que corrían por mi rostro:

—¡Oh, Dios! Dios. Dios. ¡En verdad estás vivo! ¡En realidad me sanaste! ¿Cómo pudiste hacer esta obra tan maravillosa? ¿Cómo lograste eliminar todas mis enfermedades al mismo tiempo? Yo no creía que Tú estás vivo. Yo no creía que Tú podías sanar cualquier enfermedad fatal. Antes yo no creía en Ti.

Derramé mi corazón postrado en el piso, mirando al cielo mientras expresaba mi ser golpeando el piso y mi pecho.

—¡Oh, Dios! ¡Gracias, Dios! Por favor, perdóname. Yo solía

decirte que me mostraras que existes. ¡Por favor, perdóname! Dios, gracias por sanarme, aun estando al borde de la muerte. Muchas gracias, Dios.

Mi esposa se apresuró a la habitación al escuchar mi llanto.

—¿Qué te ocurre, querido? —al ver mi ropa dispersa en el piso, ella me miró con preocupación.

—Querida, ¡he sido rescatado! ¡Mírame! ¡Dios me sanó! Él lo hizo.

¡Oh, Dios; en verdad estás vivo!

Ella me examinó; yo estaba asombrado, de pies a cabeza. Ella confió en lo que yo le dije, que Dios me había sanado.

—Sí, querido. ¡En verdad está vivo! ¡En verdad está vivo! Y Dios es un sanador. ¡Esto es un milagro! Ahora puedes vivir una vida digna. Me siento muy feliz por ti, querido.

Ella lloraba y me miraba con el rostro más feliz que jamás había visto.

Escuchamos que alguien tocó la puerta. Mi esposa salió para servir a los clientes. A la puerta estaba mi hermana. Pude escuchar a mi esposa hablando rápidamente con mi hermana.

—Querida cuñada, muchas gracias. El padre de Miyoung ha sido sanado por completo después de recibir la oración ayer. ¡Ahora él puede caminar y escuchar bien! ¿Me escuchas, cuñada? ¡Dios lo sanó por completo! Gracias a tu ayuda. Yo sinceramente asistiré a la iglesia para creer en Jesús.

Su voz que hablaba sin pausa estaba llena de alegría.

Este es el día en el que yo, que casi había muerto, recibí una nueva vida. Fue para mí el primero y el más feliz de mis días;

conocí al Dios vivo.

Dios vio la fe de las personas que hicieron una abertura en el techo sobre Jesús y, después de abrirlo, bajaron al paralítico (su amigo) recostado en una esterilla. Por eso, Dios perdonó los pecados del paralítico y lo sanó. Dios también vio la fe de mi hermana mayor quien suplicó por mí con amor. Gracias a ella, Dios perdonó mis pecados y me sanó.

Mi hermana mayor había orado sinceramente por mí, derramando lágrimas para que yo pudiera guiar mi familia a la salvación. Dios respondió su oración porque ella ayunó, oró por varias noches y suplicó por mí; y Dios conocía mi corazón.

Yo no busqué a Dios, pero Él vino a verme primero porque Él es amor. Él me llamó porque sabía que no volvería atrás sino que podría encargarme de muchas obras misioneras como Su siervo. Yo obedecería Su llamado, por eso cuando me incliné para orar en la Casa de oración de Hyun Shinae, Él quemó todo mi cuerpo con el Espíritu Santo para sanarme. Gracias a este milagro yo fui sanado de forma definitiva; conocí a Dios y comencé a vivir una nueva vida.

Mi hermana entró en la habitación un tanto confundida por lo que había escuchado. De inmediato comenzó a orar con lágrimas:

—¡Oh, Dios! ¡Nuestro Dios vivo! Has sanado a mi hermano. ¡Gracias, Padre! Lo has bendecido para que te conozca. Muchas gracias, Dios. Ahora tiene nueva vida. Por favor, guíalo para que sea uno de tus hijos amados. Dios, Tú das vida a los muertos. Yo te doy toda la gloria. Te lo pido en el nombre de Jesucristo.

Capítulo 3

¡Oh, Dios!

Mi nueva vida

Por favor, ayúdame a perdonar a los demás

Hasta el final de mi viaje

Mi nueva vida

Yo nací de nuevo una mañana

¡Qué sorpresa! Me encontré saludable cuando desperté en la mañana. En el fondo de mi corazón sabía que podía suceder, pero ¡qué asombrado estaba de que me hubiera sucedido un milagro!

—¡Oh, Dios maravilloso!

Yo, que no había creído que Dios existe, un día conocí al Dios invisible pero vivo. Me convertí en una persona que llama y alaba a Dios, y llegué a arrodillarme delante de Él, que me dio una nueva vida saludable cuando estaba vagando por el valle de la muerte, y me convertí en un hombre digno de la vida, capaz de oír cualquier sonido que la gente oye, comer todo tipo de alimentos y hacer todo tipo de trabajo.

Yo quería hacer algo desde el principio; quería ir a la iglesia como los otros creyentes. Miré alrededor de mi área residencial y me sorprendí al ver que había muchas iglesias. No podía decidir a cuál iría.

—Hay una detrás de nuestra casa. ¿No es la más cercana una de las mejores? —dijo mi esposa.

Decidimos ir a la iglesia situada más cerca de nuestra casa.

El primer día que fuimos a la iglesia

Conté cada hora hasta que llegó el domingo. Finalmente mi familia y yo nos dirigimos a la iglesia con mucha expectativa. Mis pasos estaban llenos de alegría y luz; sentía que estaba volando. Desde mi punto de vista, mi familia parecía tan feliz como si nada les faltaba para tener una buena vida. Mi esposa y yo caminamos con los brazos unidos y mi hija tomó mi mano; íbamos hacia la nueva vida.

—Papá, ¿por qué vamos a la iglesia? —preguntó mi hija. Estaba tan emocionada y curiosa porque todos salimos juntos.

—Cariño, Dios me ha sanado y nos hizo felices. Es por eso que vamos a la iglesia, para darle las gracias.

Al entrar en el edificio de la iglesia, mi corazón estaba rebosante de palabras.

—¡Me salvaste! ¡Gracias Dios!

Nos dieron una amable y cálida bienvenida. Cuando me senté, sentí una especie de temblor.

—Dios, finalmente hoy estamos aquí, en la iglesia. Lamento que no hayamos venido antes. ¿Por qué no supe antes que esto me hace tan feliz?

Las alabanzas sonaban pacíficas y me daban consuelo. Sentí que estaba en mi pueblo natal. El púlpito y la gran cruz no me parecían extraños. Las flores que adornaban el púlpito estaban tan abiertas, como dándome la bienvenida. Los miembros estaban todos juntos para cantar el himno y leer el salmo responsorial. Parecían soldados bien entrenados. Traté de unirme a la congregación, siguiendo su canto y lectura tanto como fuera posible, y no sentí vergüenza en absoluto.

Toda la congregación se sentó y alguien hizo la oración representativa para el servicio. Al escuchar la oración pronunciada en voz alta, mis lágrimas brotaron en mis ojos y fluyeron por mis mejillas con gratitud.

Lo siguiente en el orden del servicio era el himno del coro. Se levantaron y cantaron con felicidad y fuerza. Sus alabanzas fueron tan impresionantes que parecían llenar el cielo de profunda emoción.

El pastor predicó un mensaje que hablaba sobre el amor y la gracia del Señor. No pude entender completamente su predicación, pero sentí gratitud y alegría. El pastor parecía una luz blanca que con temor resplandecía en nosotros, mi esposa y yo.

Cuando dimos las ofrendas durante el canto, pensé que mi ofrenda era demasiado pequeña, por lo que decidí dar más la próxima vez.

Esta fue la primera vez que mi esposa y yo asistimos a un servicio juntos. Sin darme cuenta, derramé lágrimas hasta el final. Vi a mi esposa tratar de limpiar las lágrimas de su rostro muchas veces. Cuando terminó el servicio, no quería volver a casa, por lo que me senté y oré a Dios.

Me convertí en un cristiano que ora a Dios

—¡Oh, Dios! Realmente estás vivo. Vine hoy a la iglesia con mi familia para asistir al servicio de adoración. Pensé que había aprendido lo suficiente. Por favor, perdona mi arrogancia al ignorarte. Por favor, ayúdame, soy un bebé recién nacido. Yo creo que Tú, el Todopoderoso, que sanó todas mis enfermedades, me guiará. ¡Oh, Dios vivo! Por favor, enséñame a vivir mi nueva vida en el futuro.

Me alegré y me sentí tranquilo y confiado. Asistir al servicio de adoración nos causó gozo y gracia desbordante.

Desde ese día, mi esposa y yo comenzamos a esperar ansiosamente que llegaran los domingos. Entonces cerrábamos nuestro pequeño negocio para ir a la iglesia. Siempre fue un gran placer.

Realmente queríamos tener nuestra propia Biblia y un himnario, pero para comprarlos tuvimos que ahorrar dinero durante varias semanas. No pudimos comprar los mejores, pero nos deleitamos mucho con la Biblia porque la Palabra de Dios estaba escrita en ella.

La lectura era mi pasatiempo. Cuando estaba enfermo, leer libros era lo único que disfrutaba, así que empecé a leer la Biblia en cuanto la compré. La leí todo el día sin aburrirme. Cuanto más sabía de Jesús, más lástima sentía por mi estupidez. Yo estaba agradecido y asombrado del poder de Dios.

Adquirí el hábito de alabar y orar por la noche.

Gracia admirable. Cuán dulce es su sonido.
Salvó a un pecador como yo.
Estaba perdido, pero ahora soy salvo,
estaba ciego, pero ahora veo.

Fue la gracia la que enseñó a mi corazón a temer,
y la gracia alivió mis miedos.
¡Cuán preciosa ha sido esa gracia,
desde el momento en que creí!

Cuando cantaba himnos mis lágrimas brotaban, mi corazón se llenaba de alegría y casi automáticamente levantaba mis manos. A veces me imaginaba a Jesús de pie delante de mí.

—¡Oh, Jesús! He actuado como si conociera todo, incluso a Dios. Ignoré a mi hermana que trató de compartirme el evangelio, y le grité: «¿Dónde está tu Dios vivo?».

A veces desprecié a aquellos que sinceramente alabaron y oraron; los critiqué diciendo: «Están locos». No me agradaban aquellos que lloraban mientras oraban. Me pregunté: «¿Por qué se lamentan así?».

¡Oh, Señor! No confiaba en la Diaconisa Mayor Hyun, porque ella no oró por mí de la manera que yo esperaba y tampoco creía que esos testimonios sobre Dios que los sanaba eran verdaderos. Por favor, perdóname por ser ignorante, tonto y arrogante.

¡Oh, mi Señor, Jesús! Tú me libraste de la muerte y me diste vida nueva. Tú me libraste del dolor y me llenaste de alegría. ¡Me has librado de la enfermedad y me has dado salud! No puedo empezar a describir con palabras lo agradecido que estoy.

¡Oh, Dios! Eres Dios de amor. Tú eres Dios de poder maravilloso. ¡Te doy toda la gloria!

Mi Señor, ¿cómo puedo pagarte por tu gracia? No tengo dinero. ¿Con qué puedo compensarte, Señor? Como no tengo nada más que mi cuerpo, quiero darte mi corazón, lo más precioso en mí. Por favor, acepta mi corazón que te agradece más allá de lo que puedo describir.

Alababa y oraba, e ignoraba el paso del tiempo.

¡Puedo hacer algo!

Cuando me di cuenta de que mis siete años de enfermedad (los cuales pasé principalmente en la cama) habían terminado, tuve la esperanza de vivir una vida digna. Quería hacer algo por mi esposa e hijas como cabeza de mi familia. También quería retribuirle a Dios que me dio salud, tanto como me fuera posible.

No tenía más que deudas acumuladas hasta las nubes. Sin embargo, estaba seguro de hacer cualquier cosa, sin miedo, porque creía en el Dios que me sanó.

Abrir un negocio parecía ser la mejor forma de pagar mis deudas, pero no tenía fondos para eso. Habíamos tomado prestado dinero de cada persona que pudimos. Realmente no quería ir a pedir ayuda a mis hermanos incrédulos.

En ese momento, en 1974, necesitaba 40.000 Won ($ 33) solo para nuestros gastos mensuales, pero no lograba conseguir ni siquiera un trabajo por 20.000 Won ($ 17) al mes. Mi nueva política era que debía ir a la iglesia los domingos porque recibía bendiciones de Dios, así que no conseguí ningún trabajo con una buena paga, a menos que trabajara los domingos. Fue muy difícil para mí encontrar un buen trabajo. Realmente quería trabajar, pero no podía conseguir lo que yo consideraba un trabajo adecuado.

Un día un trabajador de la construcción, uno de mis

conocidos, me sugirió que trabajáramos juntos. No acepté porque nunca había trabajado en ese campo. Él dijo:

—No te preocupes. Estaré contigo.

Tuve que tomar una decisión. El Dios viviente me sanó de inmediato. Para pagar a Dios por Su gracia, debo guardar el Día del Señor. Él también me dará la bendición financiera. Hasta que llegue ese momento voy a hacer cualquier trabajo, aun trabajo pesado. Él me regaló buena salud. ¿Por qué no trabajaría, entonces?

Con esta fuerte voluntad salí a hacer este laborioso trabajo. Sin importar cuán duro trabajaba, no pude terminar más de la mitad del trabajo que hicieron los demás. Me sentía avergonzado, por lo que quería renunciar. Sin embargo, me animé a mí mismo: «Vamos, Jaerock. Si no logras hacer esto, no podrás hacer nada más».

Aunque sufría de cansancio cada noche, me levantaba puntualmente a la mañana siguiente para ir a trabajar.

Mi dulce hogar

Mi esposa estaba satisfecha con mi nueva actitud, pero ella también estaba preocupada por mi trabajo, pues era muy pesado. Pude ver que estaba feliz de que yo estuviera trabajando para la familia después de estar enfermo por tanto tiempo. Mis hijas, como otros niños, me esperaban y me daban la bienvenida cuando regresaba del trabajo, y se colgaban alrededor de mi cuello.

Sentí amor en mi casa por primera vez en muchos años. Yo estaba feliz por mi familia. Mis hijas eran muy encantadoras e hicieron que mi hogar fuera cada vez más acogedor. Cada día era nuevo para nosotros. A medida que salía la luz del sol, un futuro prometedor brillaba con felicidad para mi familia. Mi esposa y yo a menudo alabamos a Dios que nos dio nueva vida:

¡Últimamente la vida de Cristo estalla viva en mí!
Las cosas viejas han pasado, ahora soy un ser nuevo.
Su vida me inunda, como ríos hacia el mar,
su amor brilla en mí como el sol que brilla en el rocío.
Con Cristo gozaré la vida eterna;
Ahora y por siempre voy a caminar con Él todo el camino.

Por favor, ayúdame a perdonar a los demás

Cuando fuimos a mi ciudad natal

El 10 de julio de 1974, mi familia planificó ir a mi ciudad natal para la fiesta de cumpleaños de mi padre.

Mi hogar no tenía más luchas o dolores, solo amor y paz. Era la primera vez que cultivábamos una vida feliz y esperanzada desde que nos casamos.

Pensé en los miembros de mi familia que me habían ignorado cuando estaba enfermo. Al principio, no estaba dispuesto a ir a verlos; sin embargo, decidí olvidar el doloroso pasado para ir con paz en mi corazón, porque Dios me había bendecido para recuperar mi salud. Incluso me sentí feliz de tener la oportunidad ante ellos para presumir de Dios que me sanó y me dio una nueva vida.

Había pasado mucho tiempo desde la última vez que pude viajar en un buen estado de salud y con alegría. Las montañas, los árboles y todo lo que veía por las ventanas del tren parecía maravilloso.

Todos los miembros de mi familia se reunieron. Mi padre y mi madre, mis hermanos y sus esposas, mis hermanas y sus maridos, mis sobrinos y sobrinas... Éramos una gran familia. Disfruté la fiesta, sirviendo a los ancianos en lugar de mi padre.

Los miembros de mi familia y los aldeanos se sorprendieron al verme saludable.

—¡Esto es un milagro, un milagro! Eres bendecido. ¿Es cierto que Dios te ha sanado? No puedo creer eso. Tuviste suerte. Nada más que eso.

Aunque me felicitaron, no trataron de creer que Dios me sanó. Solo mi madre, cuando empezó su vida cristiana y sacó todos los ídolos de su casa, incluyendo la estatua de Buda, testificaría que Dios está vivo.

—¿Por qué no crees que Dios sanó a Jaerock? ¿No recuerdas que yo oraba a muchos dioses durante muchos años y no recibí nada? Pero justo después de que él y su hermana fueron a orar a Dios, él volvió completamente sano. Debes creer que Dios realmente sanó a Jaerock que estaba muriendo. ¡Solo Dios puede hacer eso, solo Dios!

Mis padres debieron estar satisfechos de ver a sus hijos e hijas disfrutando, porque no habían tenido este tipo de gozo durante mucho tiempo. Mi salud restaurada acababa de añadir otro deleite a la celebración.

Mi esposa salió corriendo de mi casa

Cuando mi esposa estaba guardando sus pertenencias cerca del final de la fiesta, mi madre la llamó. Mi madre lamentaba haberme dicho un año atrás que era mejor que yo muriera.

—Mi querida nuera, has pasado por tanto sufrimiento. Debe ser tu destino tener un marido enfermo. Ahora él está sano, así que por favor considera eso como tu mala suerte. Olvida el pasado y vive una vida feliz a partir de ahora.

Esta declaración hizo que la cara de mi esposa se pusiera pálida; ella tembló y quedó muda por el asombro.

—¿Quieres decir que mi marido se enfermó por mi culpa? Mi esposa de carácter fuerte perdió el control y se levantó abruptamente.

—Está bien, entonces. Me divorciaré, ¿de acuerdo? Ella gritó y salió corriendo.

Mi hermana mayor trató de detenerla:

—Espera, cuñada. ¡Estás malentendiendo! Sacudió la mano de mi hermana y salió corriendo de la casa.

Yo, mientras tomaba algo con mi padre y mis hermanos, oí que mi esposa salió corriendo.

—Madre, ¿por qué dijiste eso? En lugar de eso, ¿no podrías haber reconocido que su vida ha sido dura? ¿Por qué le dijiste que me enfermé porque ese era su destino?

Aunque sabía que mi madre era débil de mente, no podía refrenar mi ira hacia ella.

Pensé que mi esposa volvería pronto, después de que ella se tomara un tiempo, ya que dejó todas sus pertenencias. Al ver que no regresaba, empecé a preocuparme por ella.

—¿Cómo se atreve a ir lejos?

—Ella volverá pronto. Vamos a hablar mientras la esperamos.

—Sabes, hermano. Tu esposa es demasiado obstinada y derrochadora. Por eso eres pobre ahora. ¿Por qué no soluciones su actitud esta vez? ¿Qué nuera se atreve a enojarse con su suegra y salir corriendo? ¡No es aceptable!

Mis hermanos trataron de consolarme, pero no me agradó que hablaran mal de mi esposa.

—¡Oh, vamos! ¿Cuál es el problema? Acabo de tener

felicidad en mi hogar.

No podía seguir esperando a mi esposa por más tiempo. Todos mis sueños parecían estar destrozados. Me sentí tan molesto que no pude controlarme. Corrí a la cocina, tomé una botella de Soju de 750 ml (una especie de whisky coreano barato) y comencé a beberlo. Hablé con mis hermanos y mis padres con una voz fuerte, un poco ebrio, y expresé mis quejas:

—¿Por qué hablan mal de ella a su espalda? ¿Creen que eso me gusta? ¡De ninguna manera! ¡Me voy a matar!

Los miembros de mi familia, que habían estado disfrutando de la fiesta, estaban sorprendidos por mi comportamiento frenético, y los invitados empezaron a murmurar que mi mujer se había ido y que yo amenazaba con el suicidio. Estaba tan avergonzado que fui a casa de mi hermana para ocultarme.

Yo entendía a mi esposa. Sin duda se sentía herida por la forma en que mi madre la trató. Ella no recibió ningún reconocimiento de parte de mi madre por su sufrimiento ni por cuidar de mí, su marido enfermo durante siete años. Podía entender por qué ella salió corriendo.

No quería seguir esperando a que apareciera. Simplemente desapareció, sin dejar señales que pudiera seguir. Supuse que mi esposa estaba tan enojada que volvió a Seúl de inmediato. Dejé mi ciudad natal para ir en busca de ella a Seúl. Solo llevé conmigo a mi primera hija, Miyoung. Tomamos un tren, que viajaba demasiado lento para mí. Lamentaba no tener otra forma de ir más rápido a la ciudad. Mi mente estaba llena de deseos de ver a mi esposa lo antes posible.

Al llegar a casa en Seúl, llamé a mi esposa en voz alta.

—¡Cariño, abre la puerta! ¡Estamos en casa!

Pensé que mi esposa saldría a recibirnos, pero no había señales de ella. Nos apresuramos al bar, pero estaba cerrada y con seguro. No tenía fuerzas para caminar. Sentía que lo había perdido todo.

Mi dulce hogar estaba destrozado

Mi preocupación comenzó a crecer. No podía abandonar mi dulce hogar, porque no me había sentido feliz hacía mucho tiempo.

Ella no dejó ningún rastro para nosotros, su marido y sus dos hijas. La busqué por todas partes, pero no pude encontrarla.

Al día siguiente volvió a casa. Ella se veía muy cambiada y diferente de lo que había sido. Yo había dudado de que se quisiera divorciar, pero estaba equivocado. Mi esperanza se estaba derrumbado.

—Te voy dejar, ¿de acuerdo? Ya he solicitado el divorcio en mi ciudad natal, Mokpo.

Mi esposa parecía decidida. No supe qué decir; me sentía decepcionado. No pude decirle ni una sola palabra.

Un día más tarde, mi esposa llegó con todos sus hermanos a tomar todo lo que ella había llevado cuando nos casamos.

—¡Ya no es tu esposa! No intentes detenernos.

Sacaron todo. Vaciaron mi casa, y dejaron solo un ambiente frío. Realmente no quería verlos haciendo eso. Incluso intentaron conseguir el reembolso del dinero del depósito del contrato de alquiler.

Miyoung, mi hija de cinco años, lloraba mientras sostenía la falda de mi esposa.

—¡Mamá, no te vayas! ¡Quédate con nosotros, por favor!

—Tienes que mantener tu determinación. ¡Sin sentir pesar en absoluto! No mires detrás de ti.

Mi esposa, dudando un poco entre su familia y la pequeña, la empujó. Miyoung se apresuró a aferrarse de la falda de su madre.

—Mamá, no te vayas, por favor —ella siguió suplicando—. ¡No, no!

Pero mi esposa nos dejó, sin mirar hacia atrás; desaparecieron en un camión justo delante de nosotros. No quedaba ningún remordimiento detrás de ellos.

Miyoung, sin darse cuenta de que sus zapatos se le salieron, intentó detener a su madre otra vez. Su llanto mientras perseguía a su madre y su cuerpo que caía en el suelo, no provocó ningún cambio en mi esposa.

Miyoung, al dejar de llorar, mostró su seriedad, y me dijo:

—Papá, ella ya no es mi mamá. A partir de ahora, no voy a llamarla «mamá».

Me sorprendió escuchar eso. Era demasiado joven para decir esto, y así provocó otro agujero de soledad y tristeza en mi corazón.

Me animé a mí mismo, aun esperando que mi esposa no presentara el divorcio. A partir de ese día, empecé a orar.

—Dios, mi esposa dejó nuestro hogar. Por favor, envíala de vuelta conmigo para que podamos recuperar nuestro dulce hogar y cultivar la buena fe, y para que pueda cuidar bien de nuestras hijas. Yo creo que me ayudarás.

Oré fervorosamente durante quince días; durante ese tiempo

visité las casas de posibles familiares donde mi esposa podría haberse quedado.

—Ya no es tu esposa, ¿verdad? Déjala. No será posible encontrarla. ¿Por qué no tratas de encontrar a otra mujer para casarte?

Mi suegra nunca me permitió entrar en su casa. Me dolió muchísimo que toda la familia de mi esposa la apoyaran con el divorcio.

Después de que mi esposa salió corriendo, tuve que enviar a mi hija, Miyoung, a la casa de mis padres que vivían en el campo.

Cierto día recibí una llamada de emergencia de una localidad lejana del campo. Se trataba de mi hija, Miyoung, que había sido hospitalizada porque sufría de una enfermedad maligna de la piel.

Mis padres dijeron:

—Miyoung está en coma en el hospital. En ocasiones ella sigue llamando a su madre. Será mejor que la encuentres y que la traigas para que vea a Miyoung. Esta puede ser la última vez...

Me dirigí con firmeza a los padres de mi esposa. Mi suegra respondió a mi petición, y dijo:

—¿Acaso no es lo mejor para los dos? Tú y mi hija ya no tienen que sentir lástima por la niña, si ella muere... Puede que sea más fácil para ti volver a casarte.

Aunque Miyoung no pudo ver a su madre, ella sobrevivió. No podía soportarlo más. Me sentí exhausto y terriblemente decepcionado por la actitud malvada de la gente. Me vi en un mundo malo.

Yo tuve un encuentro con Dios y aprendí cómo orar, pero no conocía la Palabra de Dios. Así que no tenía fuerzas para luchar contra el dolor de la desgracia que repentinamente me golpeó como un viento ciclónico.

Bebí una y otra vez hasta quedar inconsciente. Despreciaba a mi madre quien causó nuestro divorcio. Aborrecía a mi esposa que se enojó por un malentendido y solicitó el divorcio. Repudiaba a la familia de mi esposa que nunca me permitió volver a verla. Bebí para olvidar a la gente que odiaba, y fumé hasta enfermarme.

Mis pobres hijas... Fumaba sin pensar en mis dos hijas abandonadas por sus padres que seguían vivos. Soplaba anillos de humo junto con las caras de mis hijas en el aire. Al desaparecer los anillos de humo, simultáneamente el pesar que sentía por mis niñas también se desvanecía.

Siempre que tenía dinero, lo gastaba en placeres mundanos para intentar olvidarlo todo.

Recuperé la fuerza, confiando solo en Jesús

Algunos días más tarde empecé a sentir pesadez en mi corazón.

En cierto momento, clamé a Dios:

—¡No puedo perder la felicidad que acabo de encontrar!

Entonces, Él me dio este mensaje instructivo:

—¿Quién te devolvió la salud? Fue Dios. ¿Quién puede salvarte del dolor ahora? Solo Dios. Perder el tiempo por desviarse del camino correcto no puede traer ninguna solución.

Tu felicidad ya se ha ido. No tienes manera de devolverlo ahora. Deja todo en manos de Dios y confía en Él.

Tuve que admitir que mi matrimonio se había roto.

El matrimonio, según Génesis 2:24, significa que el hombre deja a su padre y a su madre y se une a su esposa, y se convierte en una sola carne.

Si un cónyuge se va del hogar cuando él o ella no se lleva bien con el otro, automáticamente su matrimonio se rompe. Sufrí por el colapso de mi matrimonio, que fue causado por mi esposa, pero nunca olvidé a Dios y así puede recuperar mi fuerza, confiando en Jesús.

Desde mi esclavitud, tristeza y obscuridad,
Jesús vengo a ti, Jesús vengo a ti;
De mi vergonzoso fracaso y pérdida,
Jesús vengo a ti, Jesús vengo a ti.
En la ganancia gloriosa de tu cruz,
Jesús vengo a ti.
De las penas de este mundo a tu bálsamo,
Salir de las tormentas de la vida a tu calma,
Fuera de angustia al salmo jubiloso,
Jesús, vengo a ti.
Fuera de mí mismo para morar en Tu amor,
de la desesperación al rapto en el cielo,
ascendiendo en obediencia con alas cual paloma
Jesús, vengo a ti.

Mi esposa se unió y se convirtió en una sola carne conmigo.

Compartimos todos los sufrimientos juntos y aceptamos a Jesús al mismo tiempo. Sin embargo, cuando me abandonó, me di cuenta de la verdad: solo Dios no me abandonará en ningún momento, bajo ninguna circunstancia.

Mi esposa y yo estábamos separados. Finalmente consiguió el divorcio como solía decirme durante mi enfermedad: «Me divorciaré una vez que te sientas bien».

En Proverbios 13:2-3 leemos: *«Del fruto de su boca el hombre comerá el bien; mas el alma de los prevaricadores hallará el mal. El que guarda su boca guarda su alma; mas el que mucho abre sus labios tendrá calamidad».* Tal como está escrito, las quejas de mi esposa se hicieron realidad. Exactamente como ella lo había mencionado, nos divorciamos. ¡Esto fue algo terrible!

Nuestro divorcio provocó que mi padre se enfermara, y cada vez que mi madre me veía me decía que me volviera a casar. Por supuesto, cada vez que me lo decía yo me oponía:

—Madre, no puedo pensar en vivir con nadie aparte de la mamá de Miyoung. Estoy seguro de que ella regresará.

Desde que decidí dejar todo a Dios, traté de despojarme del afecto que me quedaba en el corazón por mi esposa.

Cierto día salí a conocer a una mujer porque mi madre me obligó. Ella me dijo que aquella mujer tenía un corazón cálido y que era siempre agradable con sus padres.

Entonces, tuve una cita con la dama. Ella era la mujer ideal que yo siempre había soñado. Para mí fue algo increíble encontrarme con el tipo de mujer que yo soñaba. Nos dimos cuenta de que ambos nos queríamos, por lo que nuestros padres comenzaron a prepararse para la boda.

Días más tarde, de manera inesperada, mi esposa apareció. Dijo que tenía algo que confesarme. Se echó a mis brazos y comenzó a llorar.

—Estaba equivocada, mi amor. Fui tan mala contigo. ¡Por favor, perdóname!

Anteriormente, yo había tomado la decisión de perdonarla y volver a casarme con otra persona. Ningún afecto conyugal logró permanecer en mi corazón, pues ella nos abandonó, a nuestras hijas y a mí, y esto causó una terrible decepción. Lo único que había en mi corazón era odio por ella.

Si Dios estuviera en esta situación, ¿qué haría? —pensé. Entonces oré y le pedí a Dios que me aconsejara.

—Dios, mi esposa regresó y me pidió que la perdonara. Jesús dijo: *«No te digo hasta siete veces, sino hasta setenta veces siete»* (Mateo 18:22). Cuando pienso en el dolor que nos causó cuando ella nos abandonó, sigo teniendo odio hacia ella. Padre, ¿qué debo hacer? Incluso le he prometido a otra mujer que me casaría con ella en poco tiempo. ¿Es esta dama mejor que mi esposa para criar a mis hijas que aún son pequeñas? Dios, te ruego que me digas qué debo hacer.

Le dije a mi esposa:

—Es mejor que regreses. Aunque yo te perdone, mi familia no lo hará.

Ella no se dio por vencida. Su actitud era firmemente decidida.

—Yo obtendré el perdón de todos. Yo te pertenezco a ti y a

tu familia. No me iré de esta casa.

Mi esposa era normalmente una mujer mansa, pero parecía otra persona.

Le dije que podía perdonarla bajo las siguientes condiciones: ella debía obedecerme a mí, su esposo, en un 100%. Debía obtener el perdón de mis padres y de todos los miembros de mi familia. Su familia también tenía que pedirme perdón.

Ella hizo todo lo que le dije que hiciera.

La dama que sería mi nueva suegra, se me acercó y me dijo:

—¿Por qué canceló la boda? ¿Acaso ha encontrado algún problema con mi hija? Si no es así, ¡no puede hacer esto!

Entonces, tuve que contarle la historia detalladamente. De manera inesperada, ella estuvo de acuerdo con la cancelación de la boda.

Mi esposa regresó

En consecuencia, perdoné a mi esposa y me reuní con ella. Habían pasado 120 días desde que ella nos había dejado. Durante esos días, Dios cambió a mi esposa obstinada para convertirla en una mujer sumisa; una ovejita.

Luego pude darme cuenta de que todo esto fue la obra de Dios en mi familia.

A principios de noviembre, cuando la temporada de otoño estaba en su auge, mi esposa trajo todo lo suyo de vuelta a casa. Comenzamos a reconstruir nuestro feliz nido, nuestro dulce hogar.

A pesar de que la ruptura de mi matrimonio me causó dolor, yo nunca dejé de asistir a la iglesia porque yo creía en el Dios vivo. Asistir a la iglesia, sin embargo, no me dio la plena comprensión de la Palabra de Dios.

Cierto día el propietario de la casa donde vivíamos me animó a participar en la reunión de avivamiento en la Iglesia Sungdong, ubicada en Oksoo-dong. Con la nueva resolución, mi esposa y yo participamos sinceramente en todas las reuniones de avivamiento, desde el amanecer hasta la noche. Cada vez preparamos una ofrenda a Dios y tomamos los mejores asientos en la parte delantera para recibir la abundante gracia de Dios para nosotros.

Mi esposa lloró de arrepentimiento cuando escuchó el sermón sobre Rut, quien era viuda pero sirvió muy bien a su suegra, Noemí. Mi esposa, quien se había enojado con su suegra, se arrepintió. Ella también se arrepintió por huir y buscar el divorcio.

—Querida suegra, he sido una mala nuera. A partir de hoy me esforzaré al máximo y la serviré, así como Rut hizo con Noemí.

Yo estaba muy feliz de verla cambiar. Antes, se había disculpado de manera involuntaria con mi madre para que pudiéramos recuperar nuestro matrimonio y cancelar mis planes de boda con la otra mujer soltera.

Yo también recibí la sobreabundante gracia de parte de Dios. Dejé de beber y fumar. Aprendí que debo vivir realmente como un cristiano que ama a Dios, y también aprendí cómo hacerlo. A partir de esa fecha, agregué este tema a mi oración:

—Dios, por favor, ayúdame a librarme de la maldad en mi corazón.

Por favor, ayúdame a perdonar a los demás

En 1 Juan 3:15, leemos: *«Todo aquel que aborrece a su hermano es homicida; y sabéis que ningún homicida tiene vida eterna permanente en él».*

Y en 1 Juan 3:10, nos dice: *«En esto se manifiestan los hijos de Dios, y los hijos del diablo: todo aquel que no hace justicia, y que no ama a su hermano, no es de Dios».*

La predicación del pastor conmovió una parte de mi corazón que me causaba dolor. Oré con todo fervor.

—¡Oh, Señor! Recuerdo a mi suegra que me dijo que era un lisiado y un mentiroso. Por favor, ayúdame a olvidar ese mal recuerdo de ella.

¡Jesús! Te ruego que elimines el odio que le tengo a mi esposa por quejarse de que no generaba dinero, y que me perdones por decirle que me vengaría de ella cuando fuera rico luego de recuperar mi salud.

¡Oh, Señor! Todavía recuerdo que mis padres y mis hermanos me abandonaron y me maltrataron, y que dijeron que sería mejor que muriera. Te ruego que saques ese odio para que así pueda perdonarlos.

¡Jesús, repudio a aquellos que me juzgaron por mi apariencia y no por mi corazón, quienes me despreciaron por mi incapacidad para hacer dinero, los que felicitan a quienes les agradan, pero ignoran o abusan de aquellos que no son de su agrado. Por favor, ayúdame a sentir amor en lugar de odio hacia esas personas.

Por favor, ayúdame a perdonar a todos.

Mi esposa y yo lloramos en cada una de las reuniones de avivamiento. Lloramos por los días tristes pasados y agradecimos por el amor de Dios, que nos hizo capaces de perdonar a todos.

¡Oh, Dios! ¡Has cambiado mi odio por amor!
¡Transformaste mi odio en perdón!
¡Has cambiado mi desgracia por felicidad!
¡Gracias por Tu majestad!

Dios obró en mi familia y en mí. Cambió las cosas tormentosas (el abandono de mi esposa, el divorcio y el reencuentro), en una vida pacífica de obediencia y amor.

Hasta el final de mi viaje

Después de que pasa la tormenta, todo vuelve a la normalidad. Asimismo, después de que mi esposa regresó, mi hogar se reafirmó.

Mi esposa, quien quería ser perdonada por mi familia, tomó la decisión de vivir una nueva vida. Mi familia estaba muy contenta con su cambio; yo también quería vivir una vida útil y feliz junto a mi esposa quien había recibido perdón.

Parecía que no tenía nada que envidiar, si vivía por la gracia y el amor de Dios que me sanó en un instante. Lo más feliz para nosotros fue que viviríamos en alegría y paz en este mundo y luego iríamos al cielo. ¡Qué maravilloso será el cielo! Allí no hay lágrimas, dolor, sufrimiento o enfermedad. Viviremos para siempre por el amor de Dios.

Me gustó porque no hay enfermedad allí y porque ya había sufrido de enfermedades. Realmente creí en el cielo y deseé ir allí porque en este mundo ya fui ignorado y despreciado por muchas personas, derramé abundantes lágrimas y experimenté el dolor.

Al tomar la decisión de vivir mi vida como hijo de Dios, le pedí al Todopoderoso que cuidara de todo lo mío para poder vivir bajo Su protección y guía.

—¡Mi Padre celestial! Tú eres mi verdadero Padre. Yo soy Tu

hijo y quiero vivir mi vida como un buen hijo. Por favor, cuida de mí, guíame, enséñame y ayúdame. Tú eres mi Padre por siempre en este mundo y en el cielo.

Quería amar a Dios

Cierto día, Dios me dio una bendición maravillosa a través del mensaje de un sermón. *«Yo amo a los que me aman, y me hallan los que temprano me buscan»* (Proverbios 8:17). Yo no podía entender con exactitud lo que significaba, pero deseaba ansiosamente amar a Dios y ser amado por Él. En verdad quería buscarlo y tener un encuentro con Él.

A partir de ese momento, mi vida fue completamente diferente.

Jamás falté a un servicio de adoración. El domingo por la mañana, el domingo por la tarde y el miércoles por la tarde, demostré mi amor por Dios al asistir a todos los servicios. Una vez que oía el mensaje, hacía todo lo posible para poner en práctica lo que se había dicho.

Yo no lograba entender todos los mensajes que se predicaban en los servicios. No había ningún consejero que me ayudara a crecer en la fe, pero a pesar de que no comprendía a cabalidad la Palabra de Dios por mí mismo, hice todo lo posible para seguir Sus enseñanzas.

Guardé este mensaje en mi corazón: «Dad gracias por todo». Me examiné a mí mismo para verificar si daba gracias en todo. Al examinarme descubrí que no había dado gracias en todas mis circunstancias.

—Dios, pensé que había dado gracias en todo, pero recuerdo

que no di gracias por mi trabajo pesado de antes. No creo que pueda decir que di las gracias en todas las circunstancias. Por favor, ayúdame a dar gracias en todo de ahora en adelante.

Oré a Dios como un niño, simplemente hablando con Él. Entonces Dios me hizo saber si yo le daba gracias. Esta fue Su manera de enseñarme por qué debía dar gracias.

Yo todavía trabajaba en las obras de construcción. Tenía que levantarme temprano por la mañana para ir a trabajar. Mi trabajo era muy difícil. Por lo tanto, mientras dormía por la noche gemía, y sentía dolor en todo mi cuerpo.

Mi mente me seguía diciendo: «Renuncia». Sin embargo, me animé a mí mismo: «Vamos, Jaerock». A medida que pasaba el tiempo, me sentía menos cansado. Mi apetito se aumentó y comencé a comer más. Lo que yo comía lo digería muy bien. Me sentía confiado en hacer cualquier trabajo duro. Mi cuerpo se hizo más saludable y más fuerte.

Dios permitió que pudiera realizar ese trabajo duro, entonces le agradecí por Su sabiduría y amor.

—¡Oh, Dios! Muchas gracias. Me has permitido trabajar y esforzarme. ¿De qué otra manera podría saber que este es Tu camino? Entiendo ahora. Me di cuenta de lo sabio que eres y de lo maravilloso que es Tu amor.

A pesar de que fui sanado, mi cuerpo no era lo suficientemente fuerte todavía, porque yo no había ejercitado durante un largo tiempo. Para hacer que mi cuerpo se fortaleciera, Dios me dio un trabajo difícil de hacer. Le agradecí profundamente a Él por esto.

Después de poner en práctica los mensajes bíblicos en mi

diario vivir, Dios me guio a vivir como uno de Sus hijos.

Algunas noches no podía quedarme dormido porque disfrutaba de soñar en mi futuro; cómo iba a cultivar mi nueva vida como hijo de Dios.

Mi dulce hogar

Mi mayor esperanza era vivir por la Palabra de Dios y hacer de mi casa un dulce hogar. Clamé al Dios Todopoderoso y me postré en oración ya que creí que ciertamente Él me contestaría.

—¡Mi Padre celestial! ¡Tú eres nuestra guía! Te doy gracias por darle a mi familia gozo y vida, y por darnos fe. Padre, por favor bendíceme para poder cultivar mi fe de una manera más preciosa durante mi vida en este mundo. Te pido que me bendigas para poseer mayor esperanza, y también para tener un amor más precioso. Antes de aceptar a Jesús, yo no tenía fe, sino solo dolor; no tenía esperanza, sino solo sufrimiento; no tenía amor, sino solamente angustia, pero ahora amaba a mi Señor.

Seguí orando:

—Bendíceme para poder amar a mi esposa aún más, y bendícela para que pueda servirme bien. Asimismo, bendícenos para poder cuidar bien de nuestras hijas para que así podamos edificar un dulce hogar. Te ruego que me permitas vivir una vida llena de felicidad con fe hasta el final de mi viaje. Ayúdame a vivir una vida llena de alegría y esperanza. Ayúdame a vivir una vida rebosante de gozo y amor.

Hice esta oración de todo corazón. Yo creía que Dios no permitiría que ninguna sombra de desgracia llegara a mi familia otra vez.

Mi familia edificó un dulce hogar mientras orábamos, rebosando de gozo y acción de gracias, con amor y paz, y con alabanza y oración. Si había algo que necesitábamos, era dinero. Después de que mi esposa nos dejó para seguir con los trámites de divorcio, el negocio que tenía se cerró. Automáticamente, los intereses de la deuda se incrementaron, lo que causó que nuestras finanzas empeoraran.

Mi política era que debía pagar a mis acreedores aunque no me quedara nada para comer. Yo trabajaba arduamente; realizaba cualquier tipo de trabajo, fuera este difícil o mugriento. Hice muchos tipos de trabajo laborioso, incluyendo el transporte de carbón. Mi esposa también trabajaba duro. Ella a veces compraba almejas saladas en Incheon a precio de mayorista para obtener ganancias, cultivó algas pardas y trabajó cargando rocas. Los dos trabajamos arduamente para ganar el dinero. No sentimos vergüenza en ningún puesto de trabajo, solo alegría.

Quería glorificar a Dios

Yo tenía otro deseo. Como uno de los hijos de Dios, quería ser bendecido en mi servicio al Señor para así glorificarlo mediante la ayuda brindada a las personas de escasos recursos. En mi oración creí que me bendeciría con un trabajo nuevo y mejor.

—Dios, me has dado sanidad. Yo creo que también me bendecirás. He realizado trabajos muy pesados, y he esperado que me des un mejor trabajo. Dios, te ruego que pronto me des un trabajo mucho mejor. Tú conoces muy bien mi situación financiera. Yo creo que me bendecirás con un trabajo maravilloso.

Entonces oré y le pedí la bendición financiera porque deseaba cumplir con mi deber como la cabeza de mi familia y para servir al reino de Dios. El deseo que sentía para convertirme en un anciano y luego trabajar para la iglesia se hacía cada vez más fuerte. A pesar de que estaba en necesidad de varias cosas, no le pedí ayuda a nadie. Yo pensaba que si recibía la ayuda de alguna otra persona, eso no glorificaría a Dios. Cuando mi segundo hermano se ofreció voluntariamente para ayudarme, yo lo rechacé. Esto fue porque si yo en el futuro prosperaba por medio de su apoyo, la gloria no iría dirigida a Dios sino a mi hermano.

Luego recibí la oferta de otro buen trabajo. De inmediato lo rechacé porque querían que trabaje dos domingos al mes. Yo no quebrantaría el Día del Señor por dinero. Yo no aceptaría ningún trabajo con buen salario si eso causaba que quebrantara los decretos de Dios. Yo simplemente esperé a que Dios abriera puertas de bendiciones para mí. Yo seguía realizando trabajos duros.

Quería compartir el evangelio

Tenía un tercer deseo.

—Dios, Tú me has sanado completamente de todas mis enfermedades. Yo creo que Tú protegerás a mi familia y a mí de cualquier enfermedad. Cuando fui sanado, fue la primera vez que tuve un encuentro contigo y creí en Ti, el Dios vivo. Hay muchos tipos de personas enfermas en este mundo. Yo quiero decirles que Tú eres el Dios vivo.

Intenté compartir el evangelio a todas las personas que podía. Les hablé con seriedad sobre cómo Dios me sanó, cuántas enfermedades había tenido antes de que me curara, cuánto Dios nos amó y qué bendiciones recibiríamos cuando creyéramos en Jesucristo. Hablé de Dios y Su sanidad a mis queridos compañeros, familiares y vecinos.

A los ojos de las demás personas, mi familia no tenía nada de qué jactarse, pero nos regocijábamos todo el tiempo y dimos gracias en todo momento. No solo yo, sino también mi esposa y mis hijas, no teníamos ningún otro asunto que nos hiciera sentir más felices que ir a la iglesia.

Constantemente había canciones de alabanza saliendo de mi hogar. Mis hijas cantaban y danzaban sin parar. Era algo tan tierno y maravilloso a la vez. Podría decir lo feliz que nuestro Dios se sentía al verlas.

Mi familia había estado sumida en el dolor sin conocer a Dios. Luego de conocerlo, pudimos ser felices al recibir de Su amor. Desde ese instante, pusimos nuestra esperanza en los cielos, así que no tuvimos envidia por las riquezas y el honor en este mundo.

Cuando íbamos a la iglesia con nuevos vecinos, lo hacíamos con más felicidad que los demás días. Yo cantaba espontáneamente la alabanza, y mi esposa se unía a mi canto.

En todo el camino mi Salvador me guía;
¿qué pediré si estoy a Su lado?

¿Puedo dudar de Su tierna misericordia,
quién ha sido mi guía?
Paz celestial, consuelo divino,
por la fe en Él moraré.
Porque sé que lo que pueda ocurrirme,
Jesús lo hace para bien.
Porque sé que lo que pueda ocurrirme,
Jesús lo hace para bien.

Capítulo 4

El carácter produce esperanza

Yo era un pecador

La cruz del Señor

El Dios vivo

¿En realidad puedes?

Comenzar una iglesia

Los vasos

Yo era un pecador

Mi esposa y yo estábamos viviendo una nueva vida con una nueva esperanza. Un día Dios nos dio una gran bendición.

Fue en noviembre de 1974, cuando la Iglesia Oksoo-dong Sungdong realizó reuniones de avivamiento. En la reunión, el orador principal, el Rev. Byong-ok Pak, estaba predicando el tema «¡Demos todo lo que tenemos!».

En la reunión vespertina del lunes, el orador bajó del altar y puso sus manos sobre mi esposa y sobre mí. Fue una oración especial e inesperada para nosotros.

Al día siguiente no pudimos asistir a la reunión de la mañana por algunas razones. Más tarde nos enteramos de que el orador nos había buscado, y al no vernos dijo:

—Dios preparó este avivamiento para una determinada pareja que al momento no están aquí. Ellos no se deben perder ninguna reunión. Por favor, háganles saber si viven cerca de ellos. Luego de saber esto, asistimos a todas las reuniones y servicios desde el martes por la noche.

A través de la predicación del orador, aprendí que Dios creó todo en el universo y la humanidad, y Él envió a Su único Hijo Jesús para redimirnos de nuestros pecados. Yo podía sentir Su amor y Su existencia en mi corazón.

Debemos creer en el Dios Todopoderoso

Para poder creer en Jesús, debemos creer y reconocer que somos todos pecadores. Si no reconozco que soy un pecador, no podré creer que Jesús murió en la cruz para redimirnos del pecado.

En Mateo 1:21, leemos: *«Y dará a luz un hijo, y llamarás su nombre JESÚS, porque él salvará a su pueblo de sus pecados»*.

Para admitir que somos pecadores, debemos creer que Dios creó todas las criaturas, incluyendo la humanidad, y que ha controlado todo para nosotros: el nacimiento, la muerte, la desgracia y la fortuna.

Como Dios dijo en Génesis 1:1, en el comienzo mismo de la Biblia: *«En el principio creó Dios los cielos y la tierra»*. Él creó el día y la noche, el cielo y la Tierra, el mar, las plantas, el sol, la luna, las estrellas, los animales y el hombre.

> *Entonces Jehová Dios formó al hombre del polvo de la tierra, y sopló en su nariz aliento de vida, y fue el hombre un ser viviente* (Génesis 2:7).

> *Y creó Dios al hombre a su imagen, a imagen de Dios lo creó; varón y hembra los creó. Y los bendijo Dios, y les dijo: Fructificad y multiplicaos; llenad la tierra, y sojuzgadla, y señoread en los peces del mar, en las aves de los cielos, y en todas las bestias que se mueven sobre la tierra* (Génesis 1:27-28).

Este es el relato de la Creación: Dios el Creador, ha creado todas las cosas y gobierna sobre ellas.

Por otra parte, existe la teoría de la evolución, la que declara que la vida se formó accidentalmente y se ha desarrollado en cada tipo de forma independiente. No obstante, en la actualidad, algunos evolucionistas están haciendo caso omiso de esta doctrina.

Es cierto que la forma en que vivimos nuestra vida depende de qué doctrina creemos. Aquellos que ponen el origen de la vida en el evolucionismo vivirán para los deseos terrenales, basados en el humanismo. De manera opuesta, aquellos que creen que Dios creó todas las cosas, vivirán según la voluntad de Dios el Creador, con base en los deseos celestiales.

¿En cuál doctrina debemos creer?

Pongamos de ejemplo la construcción de una edificación de gran altura. Primeramente, el arquitecto diseña el edificio con su propia sabiduría, tal como él quiere. Los trabajadores de la construcción lo construyen desde sus bases según lo diseñado, ya que ningún edificio se puede construir sin un plan. Tampoco los televisores o las radios pueden producirse sin un plan.

¿Y qué con respecto al sistema solar, que funciona sin tener ni el más mínimo error? ¿Y todas las demás cosas en el universo que se mueven en orden y armonía? Nada se hizo por mera coincidencia. Dios planeó y creó cada elemento del universo. Debemos creer que esto es cierto.

¿Cómo fue creado el hombre?

Dios formó al hombre del polvo de la tierra, a Su propia imagen, y lo hizo con mucho cuidado y amor, como el alfarero hace una vasija. Cuando sopló el aliento de vida en su nariz, el hombre se convirtió en un ser viviente; pudo respirar y tener la sangre circulando en su cuerpo. Además, le dio un corazón y una mente con los cuales se puede mover y pensar como un ser viviente. De la misma manera, cuando nosotros suministramos electricidad para el televisor, en este se muestran imágenes y sonido.

Si el ser humano puede hacer máquinas como esta, el Dios Todopoderoso debe saber cómo crear al hombre que piensa, habla y se mueve.

Él caminó con Adán, el primer hombre que creó, y le enseñó acerca de la armonía del universo, las leyes del reino espiritual y las palabras de la verdad.

> *Y los bendijo Dios, y les dijo: Fructificad y multiplicaos; llenad la tierra, y sojuzgadla, y señoread en los peces del mar, en las aves de los cielos, y en todas las bestias que se mueven sobre la tierra* (Génesis 1:28).

> *Y mandó Jehová Dios al hombre, diciendo: De todo árbol del huerto podrás comer; mas del árbol de la ciencia del bien y del mal no comerás; porque el día que de él comieres, ciertamente morirás* (Génesis 2:16-17).

Por tanto el hombre dejará a su padre y a su madre y se unirá a su mujer, y serán una sola carne (Génesis 2:24).

Como está escrito, Dios enseñó a Adán, paso a paso, cómo debía vivir como el señor de toda la creación, y lo llevó también al camino de la bendición.

¿Por qué Dios creó al hombre?

Aunque Dios había estado con las huestes celestiales y los ángeles, Él creo al hombre. Él sabía de antemano que el ser humano podría obedecer al principio, pero que finalmente desobedecería. Entonces, ¿por qué creó al hombre?

Los seres humanos saben que tienen que llevar a sus bebés en el vientre durante nueve meses hasta que dan a luz, y que traerlo al mundo será muy doloroso. También saben que tienen que atravesar por dificultades para criar a sus hijos. Entonces, ¿por qué los padres quieren hijos? Es porque desean intercambiar amor con ellos.

De igual manera, nuestro Padre Dios quiere tener hijos verdaderos para intercambiar amor con ellos. Las huestes celestiales y los ángeles son como robots que no tienen libre albedrío, sino que simplemente deben obedecer. Por esta razón, Dios creó al hombre que tiene la capacidad de pensar con libre albedrío. Él quería intercambiar amor con este hombre (Adán) que tenía la capacidad de pensar.

Dios había establecido el plan de 6000 años para el cultivo de la humanidad para desarrollar a Sus verdaderos hijos para vivir en la verdad. Estos son los 6000 años de la historia humana desde que Adán y Eva fueron expulsados del Edén debido a su desobediencia, lo cual está detalladamente descrito en la Biblia.

¿Por qué Adán y Eva desobedecieron a Dios?

Dios enseñó a Adán y Eva solo el bien, nada del mal. Adán había vivido con todo tipo de animales en el Huerto del Edén, donde no había ningún mal, caminando juntos con Dios por mucho tiempo. Por innumerables años, Adán había vivido una vida feliz, siendo fructífero e incrementando en número.

Mientras Adán vivió cerca de Dios, Satanás buscaba la manera de tentar a Adán para que traicionara a Dios. Adán y Eva estuvieron siempre bajo la profundidad del amor de Dios. Por lo tanto, Satanás, quien había estado buscando cualquier posible manera de tentación, escogió a la serpiente, la más astuta de todos los animales de la Tierra.

En Génesis 3, conociendo bien la voluntad de Dios, la serpiente cedió ante Satanás debido a su astucia.

La serpiente, de manera astuta, le preguntó a Eva: *«¿Conque Dios os ha dicho: No comáis de todo árbol del huerto?»* (v. 1).

La respuesta de Eva fue la siguiente: *«Del fruto de los árboles del huerto podemos comer; pero del fruto del árbol que está en medio del huerto, ha dicho Dios: No comeréis de él, ni lo tocaréis, para que no muráis»* (vv. 2-3).

Satanás vio que su tentación había hecho efecto en Eva para cambiar la Palabra de Dios, de «ciertamente morirás» a «para que no muráis». Entonces Satanás tentó a Eva de manera más insistente, y se opuso directamente a la Palabra de Dios.

«Entonces la serpiente dijo a la mujer: No moriréis; sino que sabe Dios que el día que comáis de él, serán abiertos vuestros ojos, y seréis como Dios, sabiendo el bien y el mal» (vv. 4-5).

Eva no discutió en contra de Satanás con la Palabra de Dios, sino que respondió dudando. Por lo tanto, Satanás pudo poner en Eva los deseos mundanos: los deseos de la carne, los deseos de los ojos y la vanagloria de la vida.

«Y vio la mujer que el árbol era bueno para comer, y que era agradable a los ojos, y árbol codiciable para alcanzar la sabiduría; y tomó de su fruto, y comió; y dio también a su marido, el cual comió así como ella» (v. 6).

A partir de ese momento, comenzó la trágica historia de la humanidad. A Adán le había sido dada la autoridad para sojuzgar la tierra y gobernar sobre todas las criaturas; sin embargo, desobedeció la soberanía de Dios quien le enseñó la ley: teme a Dios y no comas del fruto del árbol de la ciencia del bien y del mal. Esta es la razón por la que Adán y Eva se convirtieron en pecadores.

En Génesis 3:11, Dios le pregunta a Adán: *«... ¿has comido del árbol de que yo te mandé no comieses?»*.

De esta manera, el Señor Dios desterró a Adán y a Eva del Huerto del Edén porque él les había advertido: *«... porque el día que de él comieres, ciertamente morirás»* (Génesis 2:17). Después de que Él los sacó, puso guardias en el camino hacia el árbol de la vida.

Después de todo, su espíritu murió luego de que fueron expulsados del reino espiritual. Por otra parte, esto causó mucho dolor y maldiciones. Con respecto a la mujer, Dios aumentó el dolor que sentiría el momento de dar a luz, y de igual modo, serían dolorosas sus preñeces. Su deseo será para su marido y él se enseñoreará de ella. Para el hombre, solo mediante dolor comería de la tierra todos los días de su vida. Comería de las plantas del campo, pero solo con el sudor de su rostro comería el pan, y estaba destinado a morir y regresar al polvo.

La serpiente fue maldecida por sobre todos los demás animales. Debía ahora arrastrarse sobre su pecho y comer polvo el resto de su vida. Dios le dijo a la serpiente: *«Y pondré enemistad entre ti y la mujer, y entre tu simiente y la simiente suya; ésta te herirá en la cabeza, y tú le herirás en el calcañar»* (Génesis 3:15).

En este caso, el «polvo» espiritualmente significa un ser humano hecho del polvo. Por lo tanto, «que la serpiente coma polvo» significa que por la desobediencia de Adán, el hombre se convirtió en comida para la serpiente, es decir, el hombre llegó a estar bajo el control del enemigo Satanás.

Asimismo, la desobediencia de Adán se tradujo en una fuerte caída. Adán, quien solía ser el señor de la Tierra, fue maldecido, y por ende, todo bajo su imperio también fue maldecido. Y todos sus descendientes fueron maldecidos y convertidos en pecadores. Todos ellos se hicieron herederos de la condenación, porque la paga del pecado es la muerte (Romanos 3:23; 6:23).

Además, toda la autoridad de Adán fue entregada a Satanás debido a su desobediencia (Lucas 4:6). Por esta razón, el mundo llegó a estar lleno de dolor, sufrimiento, enfermedades, peleas y maldad.

¿Cómo podemos ser salvos?

Nuestro Padre Dios sabía que Adán desobedecería. Sin embargo, Él no quería que Adán, Su hijo, se convirtiera en hijo de Satanás. Es por eso que Dios preparó el camino para la salvación para Sus hijos. El camino hacia la salvación es solo a través de Jesucristo.

> *Porque de tal manera amó Dios al mundo, que ha dado a su Hijo unigénito, para que todo aquel que en él cree, no se pierda, mas tenga vida eterna* (Juan 3:16).

> *Mas a todos los que le recibieron, a los que creen en su nombre, les dio potestad de ser hechos hijos de Dios* (Juan 1:12).

Todos los seres humanos están destinados a morir. Por esta razón, Jesús vino a este mundo hace aproximadamente 2000 años. Él fue crucificado como un rescate para tomar todos nuestros pecados.

Sin embargo, Jesús estableció el camino a la vida eterna: si creemos en Él, quien fue crucificado y resucitó, obtenemos el perdón y la vida eterna como hijos de Dios. ¡Cuán hermoso y gratificante es esto! Nuestro Dios nos ha dado este tipo de amor. ¡Aleluya!

Yo volví a nacer como hijo de Dios al darme cuenta de que era un pecador

Aunque Dios nos ha amado tanto, nosotros no nos hemos percatado de que Él creó el universo para nosotros y nos permite gobernar sobre él.

—¡Mi Padre celestial! Todos en mi familia son pecadores. No conocíamos de ti. Ni tampoco te reconocíamos. Tú enviaste a Jesús a morir en la cruz por nosotros. Gracias por perdonarnos. Nos permitiste conocerte mediante tu sanidad milagrosa. Gracias por Tu gracia.

Mis lágrimas de gratitud fluían. Si Dios no me hubiera dado la gracia, yo estaría viviendo una vida dolorosa como un pecador que no conoce a Dios y está destinado a morir. ¡Cuán abundante es el amor que Dios me ha dado! ¡Me entregó Su amor a cambio de nada! ¡Cuán hermoso y gratificante es Su amor!

Dios me sanó antes de aceptar a Jesucristo. ¿Por qué Él me dio este privilegio? Es porque Él sabía que yo no olvidaría Su gracia ni lo abandonaría, y porque escuchó las oraciones fervientes de mi hermana mayor por mí. Es por esta razón que Dios me sanó, por responder las oraciones de mi hermana.

Por esta razón decidí devolver el amor y la gracia de Dios. Así que asistí apasionadamente a los servicios de adoración y puse en práctica lo que dice la Palabra de Dios: que me convertí en un hombre nacido de nuevo con un gran cambio en mi vida, de ser maldecido hasta ser bendecido.

—¡Oh, Padre! ¡Dios de amor! Gracias por sanarme y por permitirme conocer el camino hacia la salvación y la vida eterna.

Te doy gracias por la bendición de ser Tu hijo y destruir el pecado en mí. ¡Por favor, bendíceme para que pueda renovar todo en mí y convertirme en un verdadero hijo tuyo!

La cruz del Señor

No pude contar cuántas bendiciones recibí de parte de Dios. Debo haber sido el que más récords mundiales obtuvo en «El libro Guinness de los récords».

Toda mi familia unida aceptó a Jesucristo al mismo tiempo. En solo cuatro meses, mi esposa se volvió tan mansa como una oveja y edificó nuestro dulce hogar. Yo había sido sanado de siete años de enfermedad, de modo que trabajé duro pero con gozo con mi salud recuperada. Cada vez que pensaba en todas estas bendiciones, daba gloria a Dios quien produce esperanza a través del carácter.

Como un hijo de Dios

Pude darme cuenta de que era un pecador. Por esta razón, quería vivir como un hijo verdadero de Dios. ¿Cómo puedo vivir de acuerdo a la Palabra de Dios? Vivir según la Palabra era mi meta y deber. Tenía tanta hambre y sed de justicia que traté de asistir a tantos avivamientos como me fuera posible. Yo quería apreciar la gracia de Dios que recibía a través de los mensajes. Mientras leía la Biblia, lo hacía con mucha atención porque cada palabra me era importante para despojarme de mis malos caminos. Si fallaba en desechar un hábito malo o hacer algo que la Escritura me había enseñado, ayunaba para ser guiado por

Dios.

Cada vez que no comprendía algún pasaje de la Biblia, le pedía ayuda a mi pastor. Él me aconsejó que comprara un comentario de la Biblia, pero no contestó satisfactoriamente a todas mis preguntas. Yo realmente quería entender de manera clara la Palabra de la verdad. Por esta razón yo siempre me dirigía a la casa de oración donde ayunaba, asistía a reuniones por la noche y fervientemente oraba a Dios.

—Padre, por favor dame respuestas claras a mis preguntas. Siento que la respuesta de mi pastor no quita mi confusión, y los libros de comentarios me muestran demasiadas interpretaciones diferentes. Yo creo que puedo obtener la respuesta verdadera si estoy lleno del Espíritu Santo. Incluso oí que un ángel bajó para responder a alguien sus preguntas bíblicas durante tres años. Padre, ¿podrías ayudarme a comprender la Escritura? Te ruego que respondas mis preguntas a Tu manera.

Un día estaba alabando y orando de manera inspiradora.

Caminar bajo la luz del sol todo mi viaje,
sobre las montañas, a través del valle profundo.
Jesús ha dicho: «Jamás te abandonaré».
Promesa divina que nunca puede fallar.
Luz celestial, luz celestial,
inundando mi alma de la gloria divina:
¡Aleluya! ¡Me regocijo!
Cantar sus alabanzas, Jesús es mío.

Mi deseo era caminar en la luz. Me preguntaba qué es la luz

y cómo puedo caminar en ella. Un mensaje bíblico vino a mi mente: *«En el principio era el Verbo, y el Verbo era con Dios, y el Verbo era Dios. Este era en el principio con Dios.*

Todas las cosas por él fueron hechas, y sin él nada de lo que ha sido hecho, fue hecho. En él estaba la vida, y la vida era la luz de los hombres. La luz en las tinieblas resplandece, y las tinieblas no prevalecieron contra ella.

Hubo un hombre enviado de Dios, el cual se llamaba Juan. Este vino por testimonio, para que diese testimonio de la luz, a fin de que todos creyesen por él.

No era él la luz, sino para que diese testimonio de la luz. Aquella luz verdadera, que alumbra a todo hombre, venía a este mundo. En el mundo estaba, y el mundo por él fue hecho; pero el mundo no le conoció. A lo suyo vino, y los suyos no le recibieron. Mas a todos los que le recibieron, a los que creen en su nombre, les dio potestad de ser hechos hijos de Dios; los cuales no son engendrados de sangre, ni de voluntad de carne, ni de voluntad de varón, sino de Dios.

Y aquel Verbo fue hecho carne, y habitó entre nosotros (y vimos su gloria, gloria como del unigénito del Padre), lleno de gracia y de verdad» (Juan 1:1-14).

Dios comenzó a inspirarme para que me diera cuenta de por qué Jesús vino al mundo.

¿Por qué Jesús vino a este mundo?

Según la regla del reino espiritual, Adán y Eva se convirtieron en hijos de Satanás porque cometieron pecado. Para poder regresar a Dios ellos no debían tener ningún pecado. Por lo tanto, necesitaba a alguien que expiara sus pecados, pero nadie en el mundo podía hacerlo. Es por eso que Jesús vino en carne, de parte de Dios, para convertirse en un rescate por nosotros.

Jesús no tenía pecado porque fue concebido por el Espíritu Santo, y tenía poder para vencer al diablo porque Él es el Hijo de Dios. Pero lo más importante es que Él tenía amor y murió en la cruz por nosotros. Vino a este mundo, sanó a los enfermos, perdonó a los pecadores, restauró a una condición saludable a los poseídos por el demonio, y dio a las personas libertad, paz, alegría y amor.

Satanás, sin embargo, no dejó ningún medio sin probar para eventualmente crucificar al justo Jesús. Satanás sabía que la descendencia de la mujer recuperaría la autoridad que le fue entregada. Satanás trató por todos los medios de llegar a Jesús, el Rey de reyes, la descendencia de la mujer, para crucificarlo. Cuando logró ejecutar a Jesús, gritó con deleite por su victoria.

El amor de Dios

En 1 Corintios 2:7-8 leemos: *«Mas hablamos sabiduría de Dios en misterio, la sabiduría oculta, la cual Dios predestinó antes de los siglos para nuestra gloria, la que ninguno de los príncipes de este siglo conoció; porque si la hubieran conocido, nunca habrían crucificado al Señor de gloria».*

El enemigo Satanás desconocía sobre la sabia providencia de Dios, por lo tanto, hizo que las personas mataran a Jesús para obtener la victoria sobre Él. Sin embargo, matar a Jesús que no tenía pecado alguno, estaba totalmente contra la ley del reino espiritual.

Jesús no tiene el pecado original porque fue concebido por el Espíritu Santo. Tampoco cometió ningún pecado ya que Él vivió de acuerdo a los mandamientos de Dios. Esto quiere decir que no se merecía la muerte por ningún motivo. No obstante, el enemigo Satanás quebrantó la ley de Dios instigando a Pilato, el gobernador romano, a crucificar a Jesús. Desde ese instante, Satanás perdió la autoridad para gobernar sobre las personas tan solo si ellas creen en Jesucristo.

Mediante el amor de Jesús quien fue crucificado, aquellos que creen en Jesús se convierten en hijos de Dios y dejan de ser hijos de Satanás. Por lo tanto, la salvación se puede alcanzar solamente en el nombre de Jesucristo.

Como Dios predijo, Jesús vino al mundo en la carne. Él fue concebido por el Espíritu Santo y nació en este mundo a través de la virgen María. Jesús obedeció por completo todos los mandamientos, y mostró verdadero amor, incluso al sacrificarse a sí mismo para ser crucificado.

«¡Mi Padre celestial! Ahora yo entiendo claramente que Jesús vino a este mundo para abrir el camino para la salvación para nosotros y poder ser hijos de Dios, por lo tanto, no pertenecemos al diablo. Te agradezco por tu sabiduría, el secreto que estaba oculto antes de los tiempos, y tu amor».

La cruz de Jesús

«Padre, por favor, hazme saber claramente por qué Jesús tuvo que ser colgado en un madero y pasar por todos esos sufrimientos».

En Gálatas 3:13-14 leemos: *«Cristo nos redimió de la maldición de la ley, hecho por nosotros maldición (porque está escrito: Maldito todo el que es colgado en un madero), para que en Cristo Jesús la bendición de Abraham alcanzase a los gentiles, a fin de que por la fe recibiésemos la promesa del Espíritu».*

De manera obvia se puede comprender que Jesús fue colgado en un madero para convertirse en maldición por nosotros. Él nos redimió de la maldición para que la bendición que se le dio a Abraham (la fe, la salud, la larga vida, la prosperidad y la descendencia) también la recibiéramos nosotros a través de Él. Jesús nos hizo justos por la fe y recibimos el Espíritu Santo para vivir como hijos de Dios.

Cuando el costado de Jesús fue traspasado con una lanza mientras estaba en la cruz, brotó sangre y agua. Esto fue prueba evidente de que Jesús, La Palabra, se hizo carne (Juan 1:14) y vino a este mundo. Al mismo tiempo demuestra que si nosotros, como la misma carne de Jesús, cultivamos Su corazón, podemos ser como Jesús, a pesar de tener un cuerpo físico. Es por esta razón que Filipenses 2:5 dice: *«Haya, pues, en vosotros esta actitud que hubo también en Cristo Jesús».*

Él fue azotado y derramó Su sangre. Me preguntaba por qué Dios permitió que sucediera esto.

Mas Él fue herido por nuestras transgresiones, molido por nuestras iniquidades. El castigo, por nuestra paz, cayó sobre Él, y por sus heridas hemos sido sanados (Isaías 53:5).

Jesús llevó la corona de espinas y fue herido… ¿Por qué? Fue herido por nuestras trasgresiones que cometemos por medio de nuestros pensamientos.

Jesús fue clavado en Sus manos y pies. ¿Por qué? Él fue molido por nuestras iniquidades que realizamos con nuestras manos y pies.

En Mateo 5:30, Él dice: *«Y si tu mano derecha te es ocasión de caer, córtala, y échala de ti; pues mejor te es que se pierda uno de tus miembros, y no que todo tu cuerpo sea echado al infierno».*

Cuando Jesús fue crucificado hace aproximadamente 2000 años, Él fue castigado por nuestros pecados. Jesús nos ha redimido de todos nuestros pecados del pasado, del presente y del futuro. ¡Cuán sorprendente es Su amor!

Caminando en la luz

«Padre, tengo una pregunta. Tú has dicho que una vez que creemos en la cruz de Jesucristo, recibimos vida eterna. Entonces, ¿por qué no tenemos vida en nosotros a menos que comamos la carne del Hijo del Hombre y bebamos su sangre?».

El hecho de aceptar a Jesucristo no significa que dejemos de cometer pecados. Él es el camino, la verdad y la vida (Juan 14:6). Puesto que comemos la carne de Jesucristo, la Palabra de la verdad, y bebemos Su sangre, podemos librarnos de nuestros pecados por el poder de Dios que nos ayuda a vivir por Su Palabra verdadera. Es por eso que la Biblia dice en 1 Juan 1:7

lo siguiente: *«Pero si andamos en luz, como él está en luz, tenemos comunión unos con otros, y la sangre de Jesucristo su Hijo nos limpia de todo pecado».*

Además, en Hechos 3:19, leemos: *«Así que, arrepentíos y convertíos, para que sean borrados vuestros pecados; para que vengan de la presencia del Señor tiempos de refrigerio»*; por lo tanto, debemos arrepentirnos con todo nuestro corazón y dejar de pecar. Sin embargo, en Mateo 7:21, Jesús nos dice: *«No todo el que me dice: Señor, Señor, entrará en el reino de los cielos, sino el que hace la voluntad de mi Padre que está en los cielos».*

Mi vida comenzó a cambiar y a ser renovada día a día. Con sinceridad seguí leyendo la Biblia y escuchando el mensaje. Cada vez que descubría un pecado en mí, oraba para poder despojarme de ello. Más a menudo ayuné y oré durante la noche. Al ver la actitud de mi corazón, Dios me ayudó a vivir en la verdad. Así que pasé cada día con alegría, viviendo mi vida nueva.

Mi amor, la cruz del Señor;
poderosa cruz que fluye
con gracia y sabiduría de Dios.

Mi vida, la cruz del Señor;
La cruz de la preciosa sangre
que revela el amor y el sufrimiento de Jesús.

Mi gozo, la cruz del Señor;
la cruz del secreto
que oculta mis pecados y faltas.

El Dios vivo

No todo el que me dice: Señor, Señor, entrará en el reino de los cielos, sino el que hace la voluntad de mi Padre que está en los cielos (Mateo 7:21).

Bienaventurado el que lee y los que oyen las palabras de la profecía y guardan las cosas que están escritas en ella, porque el tiempo está cerca (Apocalipsis 1:3).

Me convertí en alguien que lee y oye la Palabra de Dios, y que ora diciendo a Jesucristo: «Señor, Señor». Gradualmente pude entender la Palabra de Dios de manera profunda. Entendí por qué podemos ser salvos y obtener la esperanza del reino de los cielos si creemos en Jesucristo. Sentí en mi corazón que el amor de Dios es tan inmenso como el cielo, es más amplio y más profundo que el océano.

Llegué a ser alguien que recibe a Jesucristo y cree en Su nombre. Así, Dios me ha dado la autoridad para convertirme en Su hijo. El Dios vivo jamás me dejó solo como un huérfano, sino que me mantuvo a salvo de pecar, porque he nacido de Él. Además me guió y me cuidó, para que el mal no me hiciera daño.

Dios me rescató de tener un accidente

Después de aceptar a Jesucristo como mi Salvador, Dios me guió a conseguir un trabajo como obrero de construcción. Yo no estaba seguro de si podría hacer el trabajo, porque no tenía ninguna experiencia. No obstante, comencé a hacerlo porque este me permitía tener los domingos libres para disfrutar del Día del Señor, hasta que Dios abriera otra puerta de bendición para mí.

El trabajo era más duro de lo que yo había imaginado; era imposible seguir el ritmo de los demás a pesar de que no tomaba descansos. Afortunadamente, fui paciente y trabajé duro. Mi paciencia fue tan firme que al final pude completar lo que me correspondía hacer en mi trabajo.

Había sido cristiano por solo dos meses, y nadie me había enseñado cómo orar. Cuando podía, recitaba el credo de los apóstoles y el Padre Nuestro.

Cierto día sentí un fuerte impulso en mi corazón. Quería orar a Dios desde muy temprano en la mañana, por lo que estaba recitando repetidamente hasta que llegué a mi lugar de trabajo en la construcción.

Esto fue por la mañana. Estaba a punto de levantar unos largos tubos en mi hombro, sentí un golpe en la espalda y luego perdí la consciencia. Luego escuché que yo parecía una rana, inconsciente en el suelo, con las extremidades estiradas ampliamente. Había sido atropellado por un vehículo. Al recuperar mi consciencia, me encontré rodeado de gente preocupada hablando de mí. Me levanté y me sacudí el polvo de la ropa como si nada me hubiera sucedido.

El conductor (del Ayuntamiento de Seúl) que me golpeó en la espalda estaba pálido y asustado.

—¿Está usted bien? Voy a llevarlo al hospital ahora mismo.

—No, no tiene que hacerlo. Me encuentro bien.

Él sabía que me había golpeado muy fuerte, así que no creyó que yo no estaba lesionado. Para él fue algo milagroso.

—¿Está seguro de que no tiene ninguna lesión? ¡Yo no lo creo!

Mis compañeros de trabajo me quitaron la ropa y me examinaron todo el cuerpo, preguntándose por qué no estaba lastimado.

—Es mejor que vayas al hospital. No puedes estar seguro de los huesos de tu espalda en este momento. Tendrías que hacerte un examen de rayos X en la columna vertebral. Es posible que tengas algún daño grave.

—Voy a estar bien porque Dios me ha protegido. Sinceramente, no siento ningún dolor.

Solo la parte donde fui golpeado estaba un poco inflamada; yo ni siquiera tenía un moretón. Para mí también fue algo misterioso.

—Si puedes, ve a tu casa y descansa.

Mi jefe me suplicó que lo hiciera, pero yo permanecí hasta terminar el trabajo del día. Cuando regresé a casa, sentí un poco de inquietud. No pude ir a trabajar al día siguiente. Sin embargo, Dios permitió que estuviera completamente bien.

Mis compañeros hablaron de los posibles efectos posteriores. Era solo una ansiedad sin fundamento, que permaneció en mi mente durante unos segundos.

El conductor que me golpeó oyó hablar de mi ausencia en el

trabajo y vino a verme con preocupación en su rostro. Él estaba tan aliviado al ver yo no tenía lesiones. Me rogó que lo perdonara e intentó pagarme un poco dinero como compensación.

Le respondí:

—Yo no necesito dinero de su parte.

Él me agradeció varias veces, y luego encontré un sobre que había dejado detrás de mí; este contenía $3 (2500 Won) para mí. ¡Tres dólares de compensación! ¡Algo absurdo de su parte!

Bebía para no sentirme cansado

Seguí trabajando en la construcción en diversos lugares. Ya que no tenía una habilidad especial en el campo de la construcción, tenía que trabajar como jornalero general ayudando a los técnicos. En ocasiones tenía que cargar una mezcla de arena o concreto sobre un recipiente en mi espalda. Subir por las escaleras sin barandas era tan difícil que mis piernas temblaban de debilidad. Los demás cargadores parecía que pasaban corriendo por mi lado. Me esforcé al máximo tratando de alcanzarlos, pero era algo muy difícil para mí. Yo no tenía las fuerzas para trabajar por la tarde ya que me sentía mareado y cansado. No obstante, me animaba a mí mismo para soportar.

—¡Vamos! Debo seguir haciendo esto.

No podía darme por vencido. Me decidí a trabajar tan duro como me fuera posible. Afortunadamente, se me asignaron trabajos menos pesados como abrir las bolsas de cemento y examinar la mezcla del concreto. Me alegré de no haber renunciado en ese momento. A través de este trabajo pesado, el Dios vivo me bendijo para cultivar mi resistencia y experimentarlo como el Dios viviente.

Su bendición no tuvo límites en mi vida. Este incidente sucedió mientras me encontraba trabajando en una oficina de obras sanitarias cerca del Hotel Walker Hill. Mi trabajo era transportar el hormigón con una carretilla de mano desde el camión mezclador a la fundición subterránea del edificio. Necesitaba atravesar por un camino sinuoso que se encontraba en construcción. Cuando trataba de descargar el hormigón y verterlo en el lugar profundo, mi cuerpo también caía allí porque yo no era hábil en este trabajo, en comparación con los demás obreros. Si cometía el más mínimo error, podía haber caído en el agujero profundo junto con el hormigón que vertía.

Esa tarde oí un anuncio de que íbamos a trabajar hasta altas horas de la noche. De pronto me sentí agotado en extremo. Los demás comenzaron a beber un poco de alcohol para ganar algo de fuerza, pero a mí no me quedaba energía. Estaba demasiado cansado incluso dar un paso más. Mi cuerpo era como un trozo de algodón completamente empapado con agua.

Estaba dudando sobre tomar la decisión de beber un poco con el propósito de ganar un poco más de fuerzas. Yo había dejado de beber desde que asistí a las reuniones de avivamiento anteriormente, pero entonces pensé que beber un poco no estaría mal, y decidí hacerlo. Tan pronto como bebí algo, pude sentir que ganaba fortaleza.

Estaba de camino a casa después del trabajo. En el autobús tuve un repentino mareo y un fuerte dolor de cabeza. No podía soportarlo en absoluto. Me bajé del autobús a la mitad del camino para respirar aire fresco, pero nada cambió.

Pude darme cuenta de que Dios no permitiría que yo volviera a beber de nuevo. De todo corazón me arrepentí por haber bebido. Era casi medianoche cuando volví a casa, pensando profundamente en muchas cosas.

¿Cuánto tiempo tengo que hacer este pesado y laborioso trabajo? Dios me dará la bendición en Su tiempo adecuado. ¿Acaso no ha dicho que bendecido es aquel quien persevera?

Jamás volveré a beber

Unos meses más tarde me trasladaron a un sitio de construcción en Wooi-dong donde comenzamos a construir una casa de dos pisos. Mi trabajo era cavar el suelo, en un estrecho pasadizo. Tuve que laborar sin descanso debido a la carga de trabajo que tenía; era un trabajo muy duro. Si no tomaba mi tiempo de oración durante la mañana para el resto del día, el trabajo era mucho más pesado para mí.

Mis compañeros me sugerían que bebiera para sentirme menos cansado. Cada vez que tomaban un descanso para beber alcohol, me pedían que les acompañara. Al final, no pude rechazar su petición de beber.

Entonces algo sucedió justo después de que bebí. El momento que balanceé el pico para cavar el suelo, oí que este golpeó algo como roca sólida o metal, de modo que saltó hacia atrás y me golpeó en la frente. De inmediato pude darme cuenta que este accidente fue el resultado de haber bebido. Entonces comencé a orar a Dios sosteniendo mi frente que sangraba abundantemente.

—¡Oh, Padre! ¡Por favor, perdóname! Jamás volveré a beber.

En ese momento mi frente dejó de sangrar. Mis compañeros me dijeron que fuera al hospital, pero en vez de hacerlo, tomé un breve descanso y completé el trabajo del día. El Dios vivo es el Señor que disciplina a los que ama, y castiga a todos los que acepta como hijos para guiarlos a la justicia (Hebreos 12:6).

Me despojé del deseo de tener riquezas

Mi esposa empezó un nuevo trabajo como vendedora de cosméticos. Ella estaba a cargo de una buena zona y comenzó a ganar bastante dinero, lo cual permitía aliviar nuestras dificultades financieras.

Yo quería glorificar a Dios por medio de la bendición financiera. Sin embargo, mi deseo de tener riquezas era demasiado excesivo. Hice un plan de negocios para abrir un bar con el dinero que mi esposa ganaría, mientras yo cuidaría de nuestros gastos mensuales con mis ingresos. Trabajamos duro para alcanzar nuestro sueño.

Estábamos seguros de que volveríamos a ganar mucho dinero si administrábamos un restaurante que sirviera bebidas alcohólicas y comida, ya que mi esposa tenía una buena experiencia cocinando comida frita. Además, el éxito del restaurante japonés de dos plantas de mi hermana, fue alentador para nosotros.

Dios sabía que teníamos un fuerte deseo de dinero, pero Él nos dio una instrucción: «No se embriaguen con vino». Fue entonces que nos dimos cuenta de que Él no estaría contento con nuestro plan.

Si yo tenía un fuerte deseo desde que asistí al avivamiento, fue para dar más ofrendas a Dios. Una noche en mi sueño, una gran cerda daba a luz a diez cerdos. Muchos coreanos piensan que soñar con un cerdo es señal de buena suerte. Así que estuve dispuesto a comprar un número de lotería.

—Cariño, compremos un número de lotería. Si oramos y compramos un número, vamos a ganar. Entonces podremos pagar todas nuestras deudas y dejar dinero para la ofrenda.

Luego de comprar el número de la lotería, oramos durante una semana para ganar. Estábamos convencidos de que nuestro número se llevaría el premio, sin embargo, no ganó ningún premio. En esta ocasión, Dios nos dio otra instrucción de que estábamos equivocados.

Dejé de jugar Hwatu (juego de cartas coreano)

Con regularidad jugaba Hwatu en mis días de descanso. Yo era un buen jugador porque había practicado este juego durante varios años mientras estaba enfermo. Sin embargo, ya había dejado de serlo. Yo no sabía por qué seguía perdiendo dinero, pero continuaba jugando para recuperar el dinero perdido.

Cierto día fui a la ciudad de Boochun, donde iba a trabajar durante varias semanas. El día en que nos pagaban, no nos perdíamos de jugar Hwatu. Era el día cuando recibíamos nuestro salario quincenal. Tuve que unirme a los juegos de azar. Esa noche fue mi noche: gané casi todas las rondas desde la primera. Pronto, mis bolsillos se llenaron de dinero. No obstante, no podía irme por la cortesía del jugador, así que me quedé allí jugando durante la noche. Después de la medianoche, la suerte me abandonó. Contrario a unas horas antes, seguí perdiendo, y finalmente me quedé sin dinero en mi bolsillo al llegar la mañana siguiente.

Yo estaba avergonzado; no podía regresar a casa con las manos vacías. Oré al Señor:

—Padre, yo quería ganar mucho dinero para poder darte grandes ofrendas, pero perdí todo mi dinero. Por favor, te pido que me ayudes.

Pedí prestado algo de dinero y volví a jugar, pero no pude recuperar mi dinero perdido.

En mi pueblo, la mayoría de los residentes eran obreros. A menudo jugaban Hwatu por diversión.

Un día aquellos que habían perdido dinero se reunieron en mi casa, donde comenzamos a jugar nuevamente. De modo inesperado, el ministro de mi iglesia visitó mi casa. Yo no quería tener el servicio de adoración con el ministro ya que quería ganar un poco de dinero con el juego de Hwatu, el cual compensaría mi pérdida. Entonces le dije a mi esposa que mintiera y que le dijera al ministro que yo no estaba en casa. Entonces el hombre acortó su visita y se retiró. El momento que escuché el canto de las alabanzas, comencé a sentir dolor en mi corazón. No me sentía tranquilo debido al sentimiento de culpabilidad.

—¿Qué me ocurre? He aceptado gustosamente la visita de los ministros. ¿Qué es lo que acabo de hacer? Me sentí muy apenado por lo que había hecho. Sentía dolor en mi corazón porque no puede arrepentirme de manera inmediata. Finalmente pude arrepentirme de mi pecado con lágrimas.

—¡Oh, Padre! ¡Por favor, perdóname! Jamás volveré a jugar

Hwatu. Me despojaré de mi hábito de jugar con apuestas.

Entonces arrojé a la basura mis cartas, al igual que mi deseo de jugar y mi hábito de mentir. Desde entonces nunca más volví a jugar Hwatu, aunque fuera solo por diversión. En lugar de eso, me discipliné personalmente para vivir según la Palabra de Dios, el ayuno y la oración.

Oré en voz alta

Después de jugar apuestas, con agrado intentaba asistir a todas las reuniones de avivamiento posible. Comencé a tener una fe fuerte, y a creer que Dios respondería mis oraciones que ofrecía en las reuniones de avivamiento. Con regularidad visitaba la casa de oración para allí tener un tiempo de clamor. Mi sueño era vivir de acuerdo a la Palabra de Dios, ser bendecido por Dios, apoyar a los pobres y a los enfermos, y evangelizar a la gente.

Cierto día, en el año 1975, mientras me encontraba orando en la montaña en Chilbo, en Suwon, escuché la voz de Dios por primera vez. Escogí ese lugar alto donde podía orar en voz alta, porque no había gente alrededor.

Lea Lucas 22:44.

La voz de Dios era muy nítida, fuerte y clara. Al ser sorprendido por escuchar Su voz misteriosa, me apresuré a abrir la Escritura.

Y estando en agonía, oraba más intensamente; y era su sudor como grandes gotas de sangre que caían hasta la tierra.

Me preguntaba por qué Dios me dio este pasaje de la Biblia. A través de mis oraciones, llegué a comprender la manera más apropiada para orar.

En Israel, el rango diario de temperatura es bastante amplio. Aun en la temporada de verano, la temperatura por la noche desciende abruptamente. Debe haber sido casi imposible para cualquier persona sudar en abril, alrededor del tiempo cuando Jesús fue crucificado. Sin embargo, Jesús sudó como gotas de sangre que caían. Puedo imaginarme con cuánto fervor debió haber sido la oración de Jesús. Si Él hubiera orado en silencio, no habría sudado de esa manera.

Dios quería que yo orara de manera más ferviente, en medio de la angustia, como lo hizo Jesús en Getsemaní. Es por esta razón que Él creó al hombre a Su imagen. Luego de que esto sucediera, oré, de la manera que Dios se complace. Entonces pude sentir que estaba lleno del Espíritu Santo. Legué a vivir mediante la gracia y el mensaje que recibí de lo alto. A partir de ese momento, Dios respondió mis oraciones de manera más rápida.

En todas las cosas Dios obra para bien

Yo estaba manejado mi vida de modo que pudiera vivir de acuerdo con el propósito de Dios.

Mi capataz, que me había ayudado a conseguir el laborioso trabajo, tuvo que mudarse a Chunho-dong, porque su casa, ilegalmente construida, fue derribada. El gobierno también demolió la casa donde yo arrendaba. No obstante, no nos pagaron ninguna compensación por ello. Algo todavía peor fue que el propietario se negó a devolverme el depósito de garantía con base en la pérdida de su edificio (mi casa alquilada) por la compensación gubernamental. Lamentaba que el dueño del apartamento, quien era cristiano, no mantuviera nuestro contrato de alquiler debido a su pérdida. Entonces me pregunté por qué Dios permitió que él me defraudara. Por esto, tuve que pedir prestado algo de dinero a una tasa mensual para alquilar una casa.

Entonces Dios me proveyó un trabajo nuevo.

Nuestra nueva casa alquilada tenía un espacio que era adecuado para nuestro negocio. Abrimos una tienda de alquiler de libros, revistas y tiras cómicas. Después de algunos meses de operación, nos trasladamos a una tienda ubicada al otro lado de la calle. No obstante, no podíamos obtener ninguna ganancia porque teníamos que comprar libros nuevos continuamente y pagar el alquiler mensual. Cuando nos dimos cuenta de que no estábamos ganando dinero, decidimos vender nuestro negocio.

Junto a mi esposa decidimos poner a un lado nuestra avaricia por el dinero. Decidimos orar a Dios quien pronto nos bendeciría. Oramos fervientemente durante la noche durante toda una semana.

—Padre, por favor, bendícenos para poder glorificarte. Te rogamos que nos permitas tener un negocio con el cual podamos ganar mucho dinero.

Nosotros no teníamos nada de dinero pero sí teníamos mucha fe. Una semana después Dios respondió nuestras oraciones. Uno de nuestros amigos nos dijo que había un local de alquiler en Mt. Dolsan, en Gumho-dong. Pensamos con mi esposa que esta era la bendición de Dios para nosotros. Así que fui allí enseguida y firmé un contrato por 800.000 Won ($ 670). Aún necesitaba una gran cantidad de dinero para pagar el saldo restante. Cuando le pedí a un diácono que me prestara algo de dinero, dijo «no» con frialdad. Su negativa me hizo pensar que esto no era la bendición de Dios para nosotros. Así que me reuní con el dueño del local para que me reembolsara el dinero del contrato. Pero él, luego de escuchar mi explicación, de manera inesperada se ofreció voluntariamente a prestarme el saldo del dinero.

¡Cuán hermosa es la voluntad de Dios y Su amor! Yo no tendría que haber ido donde el diácono de mi iglesia a pedir que me prestara dinero, ya que Dios había preparado todo por medio de un no creyente.

Nosotros teníamos la experiencia suficiente para administrar el negocio. Eventualmente llegamos a desear administrar un negocio más grande en otro lugar.

Cierto día un hombre me pidió que le vendiera nuestro negocio, el cual ni siquiera había puesto al alquiler. Creyendo en Dios que nos guía en todo, le vendí mi negocio y estudié el área para encontrar un local mejor para alquilar. El dueño del local más bonito, situado justo enfrente de la escuela, se negó a alquilármelo, porque mi tienda había perjudicado las ganancias de su propio negocio. Así que alquilé un local en el callejón de Gumho-dong.

En todas las cosas Dios obra para bien. Sabía que una enorme librería moderna se trasladaría poco después al otro lado del local que yo creía que era el mejor. Es por esta razón que Dios no permitió que ese local fuera para mí.

Mi nuevo negocio tenía muchos clientes. Algunos de ellos eran del negocio del propietario que se había negado a que yo me hiciera cargo. Poco a poco los clientes llenaron mi tienda hasta tarde en la noche. Algunos tenían que leer parados, y en ocasiones tenía que salir del negocio para que mis clientes tuvieran más espacio.

Cerrábamos el negocio todos los domingos, y no permitíamos que ningún estudiante o cliente bebiera o fumara dentro del local. Nadie diría que establecimos buenas reglas. Sin embargo, la bendición de Dios fue hermosa. Nuestros clientes y las ganancias se incrementaban cada vez más. Logramos pagar casi todas nuestras deudas. Y trabajamos duramente en la iglesia, tanto como nos era posible. Nuestro corazón siempre estuvo dispuesto a glorificar a Dios por medio de las bendiciones financieras.

Mi esposa y yo trabajábamos arduamente durante el día y orábamos con fervor durante la noche. Soñábamos que todos nuestros deseos se harían realidad.

¡Mi siervo que he escogido desde antes del comienzo de los tiempos!

Mientras me encontraba orando en el mes de mayo, pude escuchar la voz de Dios claramente.

—¡Mi siervo que he escogido desde antes del comienzo de

los tiempos! Te he refinado durante los últimos tres años. Ahora debes prepararte para la Palabra durante los próximos tres años. Tú me has amado más que a tus padres, tus hermanos, tus hermanas, tu esposa y tus hijas. Ahora deja tu negocio actual y sigue tu camino. Deja que tu esposa dirija el negocio —Su voz fue clara y fuerte y a la vez suave y cálida. Siguió hablándome—.

Mis pensamientos no son iguales a los de los hombres. Tu esposa ganará más dinero que tú y ella juntos. Tu familia prestará dinero a muchas personas, pero ustedes no tendrán que pedir dinero a nadie. Una buena medida, apretada, remecida y rebosante, te será entregada.

Haz tal como te digo. Entonces tu recipiente de arroz nunca estará vacío y siempre tendrás dinero en efectivo.

Después de que te equipes con la Palabra durante tres años, atravesarás ríos y océanos, y harás milagros y prodigios.

Me sorprendió saber que Dios me había llamado como Su siervo; yo nunca lo había planificado. Pude comprender claramente que ese era el llamado de Dios para que fuera Su siervo. No obstante, aún mi mente no estaba lista.

—He orado tantas veces para convertirme en un anciano para glorificar a Dios... no como siervo de Dios. ¿Cómo puedo yo convertirme en uno de Sus siervos? Ya estoy un poco mayor y mi memoria no es tan buena. ¿Cómo puedo yo estudiar teología en la universidad?

Me preguntaba por qué Dios me había dicho esto. Yo quería obedecer tal como Él me lo dijo, pero no sabía en realidad cómo hacerlo. En cierto modo me sentía desconcertado.

¿En realidad puedes?

En mi corazón existía dolor por este conflicto. Tenía el deseo de obedecer a Dios, pero no podía hacerlo. Me sentía muy triste por no poder obedecer a Dios. En mi mente resonaban dos campanas, la una peleando con la otra. «La obediencia es mejor que los sacrificios». ¿Cómo puedo atreverme a ser siervo de Dios?

No podía seguir trabajando en mi negocio. Empaqué mis cosas y fui a orar a una montaña para encontrar la paz en mi corazón.

—Padre, ¿debo ser pastor? Si esta es Tu voluntad verdadera, por favor déjame oír Tu voz una vez más. Entonces te obedeceré con confianza.

Tuve un tiempo de ayuno y oración ferviente, pero no escuché Su voz. Mientras regresaba de la montaña me sentí exhausto; parecía un hombre muerto.

Visité otras montañas para orar; aun así, Dios no me dio una respuesta clara. Mientras más pasaba el tiempo, más dolor sentía en mi corazón. Se extendió a un mes, dos meses, tres meses... Estaba realmente ansioso de escuchar la respuesta de parte de Dios.

Mis dudas cesaron

—¡Oh, Padre! Obedeceré lo que me has dicho si esa es Tu

voluntad, si es necesario, me convertiré en uno de Tus siervos. Yo puedo hacerlo, si nuevamente Tú me lo dices.

Era sábado por la noche cuando estaba terminando mis siete días de oración durante la noche. Yo estaba en un dilema tal que no pensé que sería capaz de hacer la oración de apertura en el servicio de adoración al día siguiente, a menos que volviera a oír la voz de Dios. Yo le estaba clamando con todo mi corazón. En ese instante, Dios me habló:

—¿A qué te refieres con: ¿En realidad puedes? Todo es posible para aquel que cree. La obediencia es mejor que los sacrificios. Yo veo el corazón de los hombres no sus apariencia.

¡Cuánto gozo tuve! Sentí que poseía el mundo entero. Era como volar en el aire con la sensación de ingravidez. Fue para mí algo que no puedo describir cuán emocionado me sentía.

El Espíritu Santo me dio una clara comprensión:

«Dios te libró de la miseria y el dolor. Él te sanó completamente y te guió a amar al Señor solamente. Él te dio la fe para creer, la capacidad de orar y la fuerza para vivir por la Palabra. Te ha ayudado a tener un dulce hogar, bendiciones económicas y te ha suplido todo lo que necesitas.

Dios te ha llamado para que seas Su siervo, Él sabe que tú puedes hacerlo. Dios te considera lo suficientemente justo para que te conviertas en Su siervo, es porque tú amas a Dios más que a nada ni a nadie. Dios quiere que vivas de acuerdo a la Palabra solamente y le des la gloria Él. Dios se complace tanto con tu corazón que te ha llamado para que te conviertas en Su siervo».

Mi regocijo permaneció hasta el día de reposo. Me encontraba lleno del Espíritu de optimismo. «¡Yo puedo hacerlo!». Decidí dedicarme a ser un siervo de Dios.

Mis tres meses de deambular terminaron. Fue a principios de septiembre de 1978. Mi esposa renunció a su trabajo en ventas y comenzó a administrar nuestra librería siguiendo las instrucciones de Dios. Su ingreso fue en aumentó de manera increíble; en unas pocas semanas ganaba más de 600.000 won ($ 500) al mes.

La librería ganó muy buena reputación, esto causó que algunos gerentes de librerías vinieran a ver qué tipo de habilidades especiales de ventas tenía mi esposa. Ninguna de sus inquietudes fue resuelta, porque mi esposa operaba la librería con algunas aparentes políticas negativas:

1. Ella examinaba a los clientes; no se admitían estudiantes irrespetuosos.

2. Cerraba la librería todos los domingos.

Ellos no comprendían por qué mi esposa tenía tantos clientes. Tampoco podían entender a Dios, que creó todo de la nada. Dios bendijo a mi esposa, quien guardó cada día de reposo, vivía en la verdad, compartía el evangelio y alababa a Dios mientras administraba el negocio.

Dios bendijo a mi esposa para que ganara más dinero de lo que antes ganábamos juntos. Él nos bendijo abundantemente porque estaba contento con nuestra obediencia.

Tu calificación es de 100 % en la Biblia

Alquilé una habitación separada para mí mientras me preparaba para el examen de la facultad de teología. El Reverendo Younghoon Yi de la Iglesia Sungdong, donde había servido como diácono, me aconsejó que fuera a la Escuela de Teología Sungkyul [Santidad]. Entonces comencé a estudiar para mi examen. Yo quería pasar el examen y tener la puntuación de 100 % en la prueba de Biblia, ya que me convertiría en un siervo de Dios. Para apoyar mi deseo, repetidamente ayuné durante 10 días y luego 20 días.

—Amado Padre, te ruego que aceptes mi ayuno y que me des la habilidad de memorizar todo lo que he estudiado. Te ruego que me ayudes a comprender con claridad todo lo que he leído en la Biblia y que pueda memorizar todo lo que he leído. ¡Esta es mi oración, en el nombre del Señor Jesucristo, quien levanta a los muertos!

Desde el primer día, me arrodillé y comencé a leer la Escritura con mucho cuidado. Mientras leía la Biblia que fue escrita por la inspiración del Espíritu Santo, también me sentí inspirado.

Finalmente llegó el día del examen. Yo solo había estudiado la Biblia. No traté de responder a las preguntas sobre cualquier otro tema. Mis hojas de respuestas estaban en blanco, excepto la Biblia, que respondí al 100 %.

Al día siguiente debíamos tener una entrevista. El presidente de la universidad me preguntó: «¿Por qué envió sus hojas de respuestas en blanco, excepto la hoja sobre la Biblia? ¡Espere un minuto, tiene 100 % en el examen de Biblia!».

La universidad estaba reacia a tratar con mi admisión, pero Dios me permitió ingresar.

Después de entrar en la escuela de teología, oraba a menudo durante la noche y ayunaba. Mis días de ayuno eran más que mis días regulares, y rara vez celebraba mi cumpleaños o los días festivos.

Esto ocurrió durante mi primer año.

Yo estaba en medio de mi tiempo de oración programado durante la noche; había hecho una promesa a Dios de que guardaría este voto. Vi un anuncio para el examen final del semestre. Me sentí como si estuviera en problemas, porque aunque era muy bueno en la Biblia, no podía recordar nada en inglés o griego. Además, le prometí a Dios que oraría por la noche durante más días. Por lo tanto, le rogué que me ayudara. No tenía otra alternativa más que orar.

—Padre, prometí orar toda la noche antes de conocer el horario de los exámenes. Por favor, ayúdame a hacer ambas cosas bien. Creo que Tú me puedes ayudar a orar y a hacer bien el examen.

Al pasar una hora en oración, Dios me reveló las preguntas del examen. Estudié esas preguntas durante una hora y terminé la programación diaria de oración durante la noche.

Al siguiente día era el examen. Cuando vi el papel de la prueba, quedé sorprendido. Todas las preguntas fueron las mismas que Dios me había mostrado. ¡Cuán sorprendente es Su ayuda y guía! Le di a Él todas las gracias y la gloria.

Recibí una revelación divina del fin

Yo estaba completando 20 días de oración durante la noche en la última semana de junio de 1979. Eran las cuatro de la madrugada cuando estaba a punto de terminar mi tiempo de oración y le estaba agradeciendo a Dios. En ese momento, Él me dio una revelación divina concerniente al fin.

—Mi querido siervo, mantente despierto y sé prudente. El final está cerca.

Yo había orado por mi comprensión exacta de la Escritura.

Pero el día del Señor vendrá como ladrón en la noche... (2 Pedro 3:10).

Mas vosotros, hermanos, no estáis en tinieblas, para que aquel día os sorprenda como ladrón (1 Tesalonicenses 5:4).

Cuando oré sobre el pasaje de Amós 3:7, que dice: *«Ciertamente el Señor Dios no hace nada sin revelar su secreto a sus siervos los profetas»*, Dios me mostró que a través de la Biblia, Él permite que los creyentes sepan sobre la segunda venida del Señor. Él me dijo que el día está cerca y que debo estar alerta y prepararme para ello (Mateo 24:42-44). También me habló acerca de las señales del fin.

Aunque solo Dios sabe cuándo será el fin, podemos reconocer a través de la profecía dada en la Biblia que el día está cerca. Por consiguiente, siempre debemos mantenernos despiertos, si no lo hacemos, el día nos sorprenderá como un ladrón. De esta manera podemos perder la oportunidad de ser salvos.

El caso de Noé es un buen ejemplo. La gente buscaba el placer en la comida, la bebida y en casarse hasta que Noé entró en el arca para escapar de las aguas del diluvio, y todos perecieron. Como no estaban despiertos ni atentos, el día de la destrucción vino sobre ellos como un ladrón.

Del mismo modo, los creyentes fieles se prepararán para el día del fin que vendrá. Sin embargo, el día llegará como un ladrón sobre los no creyentes semejantes a la paja que están asociados con el mundo, porque no se dan cuenta de que el día está cerca.

Ellos no pueden recibir la salvación.

Cierto día, uno de mis compañeros de clase me comentó el siguiente sueño: «Tuve un sueño extraño. En él, tú me dijiste: No sabemos cuándo volverá el Señor. Por lo tanto, mantente alerta, despierto, porque el día está cerca».

A través de su sueño, Dios confirmó la revelación que Él me había dado antes.

Después de revisar la Escritura con la revelación que Dios me dio, cada declaración que Dios me había hablado fue confirmada con la Escritura. Al ver esto me regocijé.

En el mes de agosto en mi primer año de estudio, participé en el campamento de verano en Canaan Farming School, donde mi pastor favorito estaba con nosotros. Yo había respetado a los pastores mientras servía a Jesús. Sin embargo, me decepcionaban.

En cierta ocasión nos encontrábamos tratando el tema del adulterio basado en Mateo 5:27-28, donde leemos: *«Oísteis que fue dicho: No cometerás adulterio. Pero yo os digo que cualquiera que mira a una mujer para codiciarla, ya adulteró con ella en su corazón».* Finalmente, su acalorada discusión condujo a una sofisticada conclusión: si solo tienes un pensamiento lujurioso en tu mente, no estás cometiendo el pecado de adulterio. Me sorprendió escucharlos, porque logré deshacerme del adulterio en mi mente a través de tres años de oración.

Agradecí profundamente a Dios por mi exitosa lucha en mis días pasados.

—¡Padre, estoy muy agradecido! Si hubiera oído que el adulterio en nuestra mente no era conquistable, lo habría guardado hasta el día de mi muerte. Pero Tú me has guiado a vivir conforme a la Palabra, luchando contra el pecado del adulterio por muchos años.

Mi decisión de confiar y seguir la Palabra de Dios solo se hacía más intensa y concreta.

Algunos de los estudiantes del seminario abrieron iglesias antes de graduarse. Yo también quería hacerlo. Para hacer realidad mi sueño, ofrecí 20 días de ayuno a Dios durante las vacaciones de verano. No me sentía cómodo con la apertura de una iglesia, porque todavía tenía varias preguntas relacionadas con versículos bíblicos que aún no había entendido por completo. Ni los profesores ni los buenos comentarios de la Biblia podían responder mis preguntas. Nadie me dio una respuesta satisfactoria.

Desde que yo, como nuevo cristiano, asistí al avivamiento en noviembre de 1974, he orado siempre que he tenido tiempo libre.

—Amado Padre, quiero que Tú mismo me expliques la Biblia. Yo sé que me puedes ayudar por medio de los ángeles. Por favor, obra en mí en Tu camino para que pueda entender todos los 66 libros de la Biblia.

Mis 40 días de ayuno

Durante las vacaciones de invierno en 1980, Dios trabajó en mí para hacer 40 días de ayuno y oración. Estaba seguro de que no fijé yo este plan de ayuno, sino que Dios lo hizo. Mientras oraba por la preparación de mi ayuno, Dios me dijo:

—¡Mi querido siervo! No leas ningún otro libro, excepto la Biblia y el himnario.

Estaba a punto de empacar algunos libros que me ayudarían a armarme con la Palabra, pero los dejé a un lado y fui a orar y ayunar a la montaña de Osanri. Al comenzar el ayuno, pensé que Dios me ayudaría para que pudiera sobrellevarlo y completarlo sin ningún problema. Oré para convertirme en un siervo que agrada a Dios como un pastor poderoso, para estar armado con la Palabra y ser capaz de abrir una iglesia.

Dios no me ayudó hasta que llegué al día 40. No podía dormir bien, y a menudo tenía calambres en los brazos y en las piernas. Cuando llegué al día 30 comencé a marearme la mayoría del tiempo. En ocasiones cuando vomitaba lo hacía con sangre. No podía beber agua por el dolor severo en mi garganta.

Cuando llegué al día 40 mi dolor parecía ser insoportable.

Diez minutos parecían ser una hora para mí. Aunque sentía mucho frío, mareo, dolor, debilidad y agotamiento, Dios me ayudó a mantener mi horario diario, dos horas de oración en voz alta.

Finalmente, a las 11 de la noche del día 40, todos mis dolores desaparecieron. ¡Fue un milagro! Dios me permitió tener victoria mientras luchaba contra la tentación de Satanás, que había tratado de detenerme desde el séptimo día.

Toda mi familia junta cantó y danzó. Hicimos un servicio de adoración para dar las gracias y gloria a Dios. Él me había visto con Sus ojos de fuego hasta el último día de mi ayuno y me dio la fuerza para completar los 40 días. ¡Qué maravilloso es Él! Las lágrimas corrían por mi rostro mientras le daba las gracias a Dios.

—¡Toda la gloria sea para Ti, Dios!

Después de este período de ayuno, Dios abrió el camino para que yo entendiera completamente los 66 libros de la Biblia.

Comenzar una iglesia

He aquí, yo estoy a la puerta y llamo; si alguno oye mi voz y abre la puerta, entraré a él, y cenaré con él, y él conmigo (Apocalipsis 3:20).

Dios, que me hizo experimentar milagros, me llamó y vino a mi vida, y comenzó a transformarme en un hombre de Dios.

En abril de 1974, Dios me bendijo con el conocimiento de que Él está vivo. Desde entonces, he asistido a la iglesia y recibo Su gracia y amor. Al principio yo no sabía cómo orar porque nadie me enseñó.

En noviembre de 1974, asistí a un avivamiento, donde fui lleno del Espíritu Santo mientras escuchaba el sermón y los testimonios, y al alabar y orar a Dios. Por medio de mi arrepentimiento pude darme cuenta de que era un pecador. Además, pude darme cuenta que el amor de Dios y la gracia del Señor que fue crucificado son inmensurables. Cada mensaje tenía sabor a miel para mí, y yo tenía la bendición de poder orar fielmente y tener a Dios para contestar todas mis oraciones.

Después de asistir al avivamiento y darme cuenta de que era un pecador, traté de orar tanto como pude. Dios me guió a vivir de acuerdo con Su Palabra. Él me consoló y me disciplinó, y me dio entendimiento para que yo cambiara y viviera mi vida como Su hijo.

Dios hizo que me despoje de mis deseos pecaminosos, los deseos de los ojos y la vanagloria de la vida. Él me transformó en una persona que ama a Dios, ama al prójimo como a sí mismo y sirve a Dios con todo su corazón. A medida que mi alma prosperó, todo me fue bien y disfruté de excelente salud. Me convertí en un buen cristiano que da la gloria a Dios, que es testimonio y que comparte el evangelio.

Desde el día que mi esposa me dejó, el 10 de julio de 1974, Dios me había disciplinado durante tres años para deshacerme de mi naturaleza pecaminosa. Como resultado, me convertí en un hombre de Dios, me regocijé siempre, di gracias a Dios en todo y oré con fervor.

Antes del 9 de julio de 1977, mi familia solo compraba la bolsa más pequeña de arroz para poder pagar todas nuestras deudas sin dejar de dar regularmente la ofrenda a Dios.

Aunque no teníamos comida para el día siguiente, servimos toda la comida que teníamos a los siervos de Dios y los visitantes que venían a vernos. De esta manera, Dios nunca dejó de obrar a favor de mi familia. Al siguiente día Dios enviaba a alguien con comida para nosotros, de esta manera nadie en mi familia tenía que dejar de comer.

A partir del 9 de julio de 1977, cuando mi esposa y yo abrimos el negocio por tercera vez, Dios bendijo a mi familia en abundancia, por lo que pudimos glorificarlo apoyando económicamente a las personas necesitadas y prestardo servicios voluntarios en la iglesia.

Como siervo de Dios

En mayo de 1978, Dios me llamó como Su siervo y me dijo que me preparara para la Palabra. Desde entonces he vivido mi vida ayunando, orando desde la noche a la mañana y guardando los mandamientos como dice la Biblia para poder llegar a estar armado con Su Palabra.

Dios me equipó con poderosa oración, revelación y sanidad milagrosa, de modo que yo me convirtiera en Su siervo que guiaría a la gente hacia la salvación.

Mientras yo era un estudiante de seminario, Dios me ayudó a armarme con la Palabra y la oración durante las vacaciones. Él también obró en mí mientras yo me encontraba en mi hogar para aconsejar a muchos tipos de visitantes sobre diversos asuntos.

Dios me dio entrenamiento espiritual mediante el poder milagroso del Espíritu Santo que se manifestó a través de mí. Gané experiencia valiosa mientras era diácono. Visité varias iglesias y oré por aquellos que estaban en problemas o enfermos.

Desde mayo de 1981, concentré mi oración principalmente en la apertura de una iglesia, y aprendí sobre los trabajos ministeriales relacionados con estudiantes de primaria, secundaria y preparatoria, adultos jóvenes, estudiantes universitarios y adultos casados. También aprendí sobre asuntos relevantes de la iglesia, cómo dirigir una congregación y un coro, y cómo organizar las facultades. Para una experiencia práctica más útil fui a otra iglesia que me gustaba, me ofrecí para ayudarles y prediqué varias veces.

La última semana de febrero de 1982 marcó la finalización de los tres años que Dios me dijo que estudiara y me equipara con la Palabra. Durante esa semana, que fue la última antes de comenzar mi año final de estudio, Dios me permitió llevar a cabo un avivamiento por primera vez en mi vida, en la iglesia Ilman, en la ciudad de Masan. Fue una gran oportunidad para que realizara un avivamiento, lo que hizo que mi deseo de comenzar una iglesia fuera aún más fuerte. Mis oraciones para comenzar una iglesia se hicieron más grandes y más profundas.

En mayo de 1982, una por una, Dios comenzó a responder a mis oraciones para iniciar una iglesia. Cierto día, una nueva hermana de la congregación, a quien mi esposa había guiado a nuestra iglesia hacia dos semanas, me visitó sin previo aviso.

—Pastor, alguien me llamó anoche tres veces y me despertó. La luz era tan brillante y hermosa que no podía mantener los ojos abiertos para ver a Dios quien se apareció. Él me dijo: *«Yo te escogí y te haré testigo para que des testimonio sobre el mundo que me rodea».* No entiendo lo que esto significa.

Ella no sabía nada de la Biblia; ni Génesis ni Mateo. Si ella sabía algo, era el nombre de Dios y Jesús. Su enfermedad estomacal había sido sanada después que haber orado por ella solo una vez.

Después de unos días, se me acercó y me dijo:

—Pastor, vi otra extraña escena en mi sueño. Usted agitaba su mano derecha llamándome. Me pidió que sostuviera su mano y lo acompañara a una bodega de techo rojo. Había una gran cantidad de sacos llenos de oro en la bodega. Le pregunté qué había dentro del oro, y usted me respondió que había sal. Me pasó dos barras de oro y me dijo que las guardara hasta que las pudiera utilizar de manera significativa. Luego me llevó al lugar donde primeramente me había llamado. Usted miró alrededor de los cuatro puntos cardinales, y me dijo: «Vamos a ir juntos en Dios desde ahora hasta que nuestro Señor venga, pasando campos, recorriendo montañas y cruzando ríos para difundir el evangelio de Dios».

Yo creía que Dios tenía un plan especial para ella. Por esta razón yo siempre oraba por ella y la guiaba con la Palabra de la verdad.

En abril de 1982, mi esposa estaba cultivando sus calificaciones como esposa de un pastor. Como líder de célula, aumentó sus miembros, de 4 a 28, en un lapso de cinco meses. Su oración era cada vez más poderosa y cuidaba bien a los miembros de su célula, con amor. Ella dirigía las reuniones, compartía el pan del amor, se asociaba estrechamente con otros y compartía el evangelio a muchos.

En cuatro ocasiones, Dios me permitió celebrar reuniones de oración y me envió los obreros necesarios para la iglesia que iba a comenzar. Él, que creó todo de la nada, no quería que yo comenzara la iglesia en mi propia voluntad humana. Aunque yo tenía algunos miembros de mi familia que eran cristianos: mi hermana mayor (diaconisa), mi segunda hermana (ministra), una cuñada (esposa del hermano de mi esposa) y la hermana de mi esposa, Dios no quería que dependiera de mi familia o parientes, sino que me envió justo a tiempo los trabajadores que él había preparado.

Además, Dios tomó control de todas nuestras necesidades

financieras. Nuestra librería ya no nos brindaba ningún beneficio. Comenzamos a perder dinero, incluyendo el depósito de garantía, porque no podíamos pagar el alquiler mensual. Con fe pedí ayuda a Dios. ¡Qué maravilloso! Él había preparado con antelación a la Diaconisa Aeja Ahn con el dinero necesario.

Otra bendición fue que Dios me dio una profetisa. Fue la respuesta de Dios a mis siete años de oración. Yo había orado para que Dios me revelara todos los versículos de los 66 libros de la Escritura.

Asimismo, Él me mostró señales milagrosas.

Como mencioné anteriormente, Dios me proveyó de todo lo que necesitaba y me dijo que comenzara la iglesia en un día de calor sofocante. Él no dejó de decirme que tendría que pasar por una prueba al comenzar la iglesia.

Estaba a punto de recibir la respuesta a siete años de oración para comenzar una iglesia. Por supuesto, Satanás comenzó a atacarme, desgarrándome como un león tratando de desgarrar a su presa.

La prueba al comenzar la iglesia

Fue a mediados de junio, mi último año en la universidad donde estudié teología.

El pastor, que estaba a cargo de mi clase, preguntó a uno de mis compañeros si alguno de los que estaban en el último año de estudios tenía algún concepto teológicamente equivocado. Él respondió al pastor que algunos de los estudiantes, incluyéndome a mí, parecían tener problemas. Esta encuesta personal incorrecta llegó a producir rumores relacionados con una declaración profética referentes a una reunión de oración en el Monte Samgak a la que yo asistí.

Estos fueron los rumores: «Una mujer puso sus manos sobre el siervo de Dios. El siervo fue quien pidió a la mujer que impusiera sus manos sobre él. El siervo se llama a sí mismo "el Cristo"».

Estos rumores me causaron algunas pruebas antes de comenzar una iglesia.

Una mujer nunca había impuesto sus manos sobre ningún siervo de Dios en aquella reunión, ni el siervo de Dios le había pedido a la mujer que impusiera sus manos sobre él. Y nunca había dicho: «Yo soy el Cristo». No obstante, los rumores produjeron nuevos rumores. El rumor final fue que ese siervo era yo, y que era un hereje.

Mi escuela llamó a una reunión para discutir mi expulsión. No sabía qué estaba pasando hasta que el Reverendo K., que confiaba en mí, me informó.

Algunos de los miembros de la iglesia estaban difundiendo un rumor similar: «Eviten al ministro Jaerock Lee. Es un hereje».

Yo estaba bien en mi corazón, porque estaba listo para soportar cualquier tipo de prueba para comenzar una iglesia. Sin embargo, estaba temblando al oír que mi escuela estaba tratando de expulsarme.

Al día siguiente fue el examen final, seguido por las vacaciones de verano. Yo no fui a la escuela, y en su lugar, fui a la iglesia con algunos testigos para contarles la historia verdadera. Sin embargo, no quisieron escuchar mi explicación.

En la ceremonia de fin de semestre, aquellos estudiantes que trataron de defenderme, recibieron una advertencia de parte de la administración.

La administración dijo acerca de mí: «Está poseído por demonios, su poder proviene del diablo y además es un hereje». Simplemente oré con fe porque recordaba la profecía que me habían dado: «No te preocupes. Dale gracias por todo y ora. Las tropas de Satanás se derrumbarán. No los odies, sino ámalos siempre».

Llegó el tiempo, y Dios me dio una gran bendición en recompensa por mi resiliencia. Hizo que todo obrara para bien, así que no tuve ningún problema en comenzar una iglesia.

Como fue profetizado, ayuné durante tres días y luego salí para encontrar el lugar donde empezaría la iglesia. El edificio que encontré no tenía otra iglesia cerca y estaba ubicado con una buena vista alrededor. Esperé una hora para que la propietaria del edificio viniera a firmar el contrato. Yo oré a Dios:

—Padre, he esperado a la dueña del edificio por una hora. Si no aparece en cinco minutos, me iré y consideraré que no es lo que quieres que haga.

¡Vaya, qué sorpresa! ¡La dueña del edificio apareció un minuto después! Me parecía algo milagroso.

Ella dijo:

—Vine aquí para decirle que no quiero alquilarle el lugar, pero el momento que vi su rostro, cambié de opinión. No sé por qué.

Aunque Satanás intentó interferir con la propietaria y el contrato, yo gané. Esta experiencia me enseñó de nuevo que la voluntad de Dios nunca falla.

Ya que Dios me había dicho anteriormente que comenzaría la iglesia en un día de calor sofocante, ofrecimos el primer culto en Shindaebang-dong, Dongjak-gu, el 25 de julio de 1982. Los asistentes fueron nuestros trece miembros (nueve adultos y cuatro niños).

Mi profunda impresión del primer servicio

Me habían llamado «hereje» y casi me expulsaron de la universidad. Así que me sentí profundamente impresionado por el servicio de apertura. Seguí gritando «¡Aleluya!» y llorando de gratitud.

Después de comenzar la iglesia, nuestros miembros vinieron para orar juntos fervientemente por temas urgentes. Nuestros cinco miembros principales oraron en voz alta durante cinco o seis horas todos los días. Dios dijo en Jeremías 33:3: *«Clama a mí, y yo te responderé, y te enseñaré cosas grandes y ocultas que tú no conoces».*

Como está escrito, nos envió gente nueva, nos proporcionó el púlpito, el piano, el teléfono y otras cosas que todos necesitábamos.

Desde que empezamos la iglesia, no hemos dejado de ofrecer el servicio de la vigilia del viernes con alabanzas y oración. Como nos hemos alegrado con gratitud y oración de acuerdo con su voluntad, Dios ha mostrado miles de milagros, ha resuelto nuestros problemas físicos y espirituales, nos ha bendecido con la oportunidad de conocerlo y envió a muchas personas y obreros.

Muchos miembros fueron sanados de cáncer de estómago, infecciones linfáticas, enfermedades del corazón y enfermedades malignas del estómago, y han estado trabajando de manera dedicada para la iglesia.

Nuestros miembros han vivido por la Palabra de Dios y le han dado la gloria. Además guardan el día de reposo. Dios ha estado complacido con nosotros, por esta razón nos ha enviado nuevos miembros cada semana hasta ahora con excepción de solo una semana.

Todas estas ocurrencias han mostrado el poder de Dios, que creó todas las cosas de la nada, y nos ha guiado y ha obrado en nosotros.

Los vasos

Ahora bien, en una casa grande no solamente hay vasos de oro y de plata, sino también de madera y de barro, y unos para honra y otros para deshonra. Por tanto, si alguno se limpia de estas cosas, será un vaso para honra, santificado, útil para el Señor, preparado para toda buena obra (2 Timoteo 2:20-21, LBLA).

Convertirse en un gran vaso

Habían pasado tres años completos para que mi sueño se hiciera realidad.

Desde que mi hermana mayor me prometió donar un terreno para construir un templo, intenté muchas maneras de comenzar una iglesia. Había presentado el papeleo para la construcción de un edificio, pero no pude obtener la aprobación. Traté de pedir prestado el dinero necesario para alquilar una habitación en un edificio, pero yo no podía pedir prestado dinero.

En mi sabiduría, no tuve ningún problema con comenzar una iglesia. Más de diez personas, incluidas mis hermanas mayores y sus hijos, estaban tentativamente listas para asistir. No pensé que hubiera ningún problema en comenzar una iglesia si recibía ayuda de los miembros de mi familia y familiares. Sin embargo, este no era el plan de Dios.

En Proverbios 16:9, Él nos dice: *«El corazón del hombre piensa su camino; mas Jehová endereza sus pasos»*. Planeé mi curso por mí mismo, pero no dejé que Dios determinara mis pasos. Aunque dije verbalmente que ponía todo en las manos de Dios, mis pensamientos condujeron mi curso antes de que Él lo hiciera; y no pasó mucho tiempo hasta que le entregara todo a Dios, siguiendo Su guía y dirección. Entonces Dios nos trajo un resultado milagroso con Su poder.

Oré por el nombre de la iglesia durante un largo tiempo. Él no me respondió hasta que me convertí en el vaso lo suficientemente escogido para ser bendecido. Finalmente, Él me dijo el nombre de la iglesia:

—Manmin, que significa «Toda la creación».

Y les dijo: Id por todo el mundo y predicad el evangelio a toda criatura (Marcos 16:15).

Cuando Dios me llamó como Su siervo, Él me dijo que yo mostraría señales milagrosas y prodigios, que viajaría traspasando las montañas, los ríos y los océanos. Ahora me estaba dando otra tarea: comenzar una iglesia en la forma que Él creó todo desde la nada, y ser un gran vaso capaz de predicar el evangelio a toda la creación.

Tal como Dios quería, nuestra iglesia comenzó solo con la gente y los recursos que Él había preparado. No recibí ayuda de mis hermanos, mis hermanas ni otros parientes. Me di cuenta de nuevo en mi corazón que Dios es Todopoderoso. Le agradecí profundamente por Su obra milagrosa.

El enemigo Satanás y el diablo trataron de obstaculizar el inicio de la iglesia, pero Dios nos dio la victoria final.

Para llevar a cabo Su reino, Dios preparó varios vasos, no solo de oro y plata, sino también de madera y barro; algunos para propósitos nobles y otros para propósitos viles. Si un hombre se limpia a sí mismo, será un instrumento para fines nobles, santificado, útil al Maestro y preparado para hacer cualquier buena obra.

Me preguntaba qué tipo de vaso era yo y cómo podría ser un recipiente útil a Dios.

Un vaso limpio

Hasta el día cuando Dios me permitió iniciar la iglesia, Él me ayudó a convertirme en un recipiente limpio y a no cometer ningún pecado, sino a ser santificado. He guardado todos los Diez Mandamientos para poder producir los nueve frutos del Espíritu Santo.

Por otra parte, Dios me permitió tener el tiempo para refinar mi vida a través de los sufrimientos. La profetisa que Dios había enviado trajo de manera inesperada una dura prueba para mí. Tuve muchos conocidos en el ministerio que experimentaron las obras milagrosas de Dios y oraban conmigo. Uno de ellos dio un testimonio falso. Este incidente provocó que los administradores de la escuela de teología me consideraran como un hereje. A pesar de que fui casi expulsado de la escuela, simplemente seguí lo que Dios enseña en la Biblia.

Por nada estéis afanosos, sino sean conocidas

*vuestras peticiones delante de Dios en toda oración
y ruego, con acción de gracias. Y la paz de Dios, que
sobrepasa todo entendimiento, guardará vuestros
corazones y vuestros pensamientos en Cristo Jesús*
(Filipenses 4:6-7).

En este mundo hay varios tipos de personas. Algunas traicionan sus países, mientras que otras son tan leales como para dar sus vidas. Todo el mundo tiene su propio vaso. Yo creía en Dios, que me ayudaría. Por eso seguí orando hasta el final. Eventualmente lo bueno ganó sobre el mal. La verdad superó a los demonios.

Dios me vio pasar la última prueba, superar los pecados y vivir una vida pura. Él, al final, determinó que yo era elegible para comenzar una iglesia.

Algunos de mis ministros principiantes se refirieron a ese tiempo, diciendo: «A nosotros nos temblaban las piernas, pero a usted no le importaba cómo iba la situación. Usted siguió orando con audacia. Nunca odió a ninguno de ellos. Su fe fue mayor».

Mi esposa también habló de ese tiempo: «Sabes, estaba muy alterada por los últimos meses antes de que comenzáramos la iglesia. No sabía qué hacer en nuestra lucha contra esta prueba tan fuerte. Sin embargo, tú has sido diferente a nosotros, Reverendo».

Dios hizo que Satanás admitiera que yo era un vaso limpio, así que pude comenzar una iglesia. Y entonces Él nos mostró que es Todopoderoso. Después de superar las pruebas, Dios nos dio tan abundantes bendiciones que ni siquiera podíamos contarlas.

Dios contesta nuestras oraciones como el fuego

Después de comenzar la iglesia, Dios hizo que pudiera entender claramente Su providencia mientras me encontraba orando como fuego ardiente. Desde entonces, los miembros de la congregación y yo comenzamos a orar por la obra misionera mundial.

Así como Jesús llamó a doce discípulos para cumplir la voluntad de Dios, Él envió buenos obreros a nuestra iglesia a tiempo para cumplir con la voluntad y la providencia de Dios.

Un día Dios nos mostró la imagen del Gran Santuario que construiríamos; nos mostró a 17 miembros y a mí, las características del Gran Santuario, con gran detalle. Vimos el techo, 96 pilares de mármol y el interior del lugar. El escenario estaba en el centro del auditorio, y el púlpito giraba lentamente. Dios nos mostró imágenes en las que yo estaba predicando a un sinnúmero de personas que recibían la gracia, y también haciendo milagros. Al mostrar estas escenas, Dios nos animó a orar con fe para la obra misionera mundial.

Dios me bendijo para convertirme en un gran vaso al cual muchos ministros y miembros pueden acercarse y descansar. Cuando fui llamado como siervo de Dios, estaba perdido, sin saber qué hacer, así que deambulé por tres meses. Pero Dios me moldeó para convertirme en un pastor que sueña con una obra misionera mundial, y ora con fe y hechos. ¡Cuán maravillosamente Dios me ha cambiado!

Una vez más, Él me bendijo para convertirme en un poderoso

líder para que muchas personas se acerquen y descansen en mí.

Aunque yo era un nuevo cristiano, cuando oraba por los enfermos, milagrosamente eran sanados.

Tuve la oportunidad de escuchar un testimonio:

«Mi hijo se quemó con agua hirviendo. Sus quemaduras era tan graves que ningún tratamiento médico podía curarle durante mucho tiempo.

Un día recordé al rey Asa, como se describe en 2 Crónicas 16. Murió porque en su enfermedad no buscó ayuda de Jehová, sino solo de los médicos. Decidí orar y ayunar para buscar la ayuda de Dios. ¡Dios sanó a mi hijo completamente! ¡Aleluya!».

Tuve mi propia experiencia de lo que es recibir sanidad, por eso creí en el testimonio de los padres. Así que oré a Dios por todo lo que necesitaba. Estaba seguro de que la oración trae una solución. Cuando mis hijas se enfermaban, oraba por ellas, y sanaban. Su fiebre desaparecía de inmediato. Estas experiencias de sanidad me animaron con gozo. Durante varios días ayuné y oré con respecto a mi poder curativo. Desde ese momento, cada vez que oro por los enfermos, ellos se sanan. Era algo realmente asombroso.

Después de ser llamado como siervo de Dios, mis temas de oración eran abrir una iglesia, poder ser armado con la Palabra de Dios, recibir poder y dones, estar armado con la oración y ser santificado. Dios respondió a mis oraciones antes de abrir la iglesia. Él me dio no solo los nueve dones espirituales, sino también los dones de amor, de leer las mentes y de tener visión. Dios me dio el poder para sanar todo tipo de enfermedades, incluyendo enfermedades incurables, esterilidad y posesión demoníaca. Él mostró Su poder sanador a través de mí y me bendijo para conocer las leyes del reino espiritual.

Justo después de comenzar la iglesia, Dios me envió varios tipos de enfermos: parálisis, cáncer, artritis, enfermedades del corazón, inflamación linfática, tuberculosis, enfermedades del estómago y ceguera. Dios los sanó completamente.

¡Él puede sanar cualquier tipo de enfermedad debido a que Dios es Todopoderoso!

Él también me envió a aquellas personas que eran pobres en espíritu, que malinterpretaron la Palabra, que estaban sufriendo por su desobediencia, que estaban vagando de aquí para allá por falta de fortaleza espiritual. Dios me dotó del poder de sanidad para que pudiera cuidarlos completamente.

Dios, que llena los vasos tal como son

Dios me bendijo tanto como cultivé mi vaso según Su voluntad. Al comenzar la congregación éramos nueve personas, pero el número aumentó a más de 100 hasta el 10 de octubre, cuando tuvimos el servicio de apertura oficial. Y ha aumentado rápidamente año tras año para convertirse en una de las iglesias más grandes del mundo.

¿Por qué Dios me ha bendecido y ha aumentado de manera tan drástica a los miembros de la iglesia? Creo que Dios me ha hecho un gran vaso para glorificarlo porque he vivido una vida santa y siempre he obedecido Su voluntad.

Tuve un gran sueño de predicar el evangelio a muchas personas. Quise guiar a mucha gente a la salvación para complacer a Dios, que me complementaría. Oré por este sueño durante mucho tiempo.

Al darme cuenta de que cualquiera que desee ser un vaso limpio y grande debe tener la sabiduría adecuada, me esforcé por tenerla.

> *¿Quién es sabio y entendido entre vosotros? Muestre por la buena conducta sus obras en sabia mansedumbre* (Santiago 3:13).

> *Pero la sabiduría que es de lo alto es primeramente pura, después pacífica, amable, benigna, llena de misericordia y de buenos frutos, sin incertidumbre ni hipocresía. Y el fruto de justicia se siembra en paz para aquellos que hacen la paz* (Santiago 3:17-18).

Mostré mis buenas obras según la sabiduría que Dios me dio.

A menudo ofrecía ayuda financiera a otras iglesias en desarrollo, ofrecía ofrendas para la construcción de la escuela de teología y apoyaba a los siervos de Dios con programas de ayuda para vivienda y matrícula para que pudieran dedicarse solamente a la iglesia.

Ofrecíamos almuerzo a toda la congregación todos los domingos, así que ellos tenían gracia en la comunión y guardaban el día de reposo sin hacer nada más durante todo el día. Nuestra condición financiera no permitía eso, pero nunca me preocupé por nada. Simplemente obedecí a Dios quien nos ha dicho: «Da y se te dará. Los que siembran poco cosecharán poco, pero los que siembran mucho cosecharán mucho».

Concentré toda mi atención en orar, comunicarme con Dios y recibir revelación de Él para poder guiar a un gran número de personas a la salvación y a glorificar a Dios.

Él me dio plena comprensión de los difíciles pasajes de los 66 libros de la Biblia. Decidí dedicarme a difundir las buenas nuevas en todos los confines del mundo, y poner mi corazón y mi alma en cultivar a los miembros, convirtiendo la paja en grano, y los no creyentes en creyentes, hasta el día en que nuestro Señor vuelva.

Capítulo 5

Dios me ha acompañado

Bienaventurado

La voz del Señor

La soberanía

La revelación

Bienaventurado

Bienaventurado el varón que no anduvo en consejo de malos, ni estuvo en camino de pecadores, ni en silla de escarnecedores se ha sentado; sino que en la ley de Jehová está su delicia, y en su ley medita de día y de noche. Será como árbol plantado junto a corrientes de aguas, que da su fruto en su tiempo, y su hoja no cae; y todo lo que hace, prosperará (Salmos 1:1-3).

Ciertamente bienaventurado

Es natural que todos los que viven en este mundo quieran ser bienaventurados. Muchos padres coreanos llaman a sus hijos recién nacidos Boknam [niño bendecido] o Boksoon [niña bendecida].

Mientras estaba enfermo, visité a un famoso compositor de nombres para seleccionar mejores nombres para mi esposa y para mí. Tuve que permanecer allí en una larga cola de espera hasta que fue mi turno de ver al famoso hombre, Bongsoo Kim. Él examinó mi rostro y el de mi esposa con nuestros nombres, y nos dijo: «Jaerock está destinado a morir joven, y Boknim vivirá una vida dura como empleada doméstica. Nunca antes he visto nombres tan malos».

Nos dio nuevos nombres: Sung-ook para mí, y Jeeyon para mi esposa. ¿Qué pasó después? Las enfermedades que tenía no me dejaron y mi esposa tenía que vivir una vida dura.

Cuando mi esposa nació, le pusieron el nombre Boknim, que significa «Ella es bendecida». Más adelante, tal como el compositor de nombres aconsejó, ella cambió su nombre a Jeeyon, porque ella escuchó que la interpretación de su nombre original fue «para convertirme en un empleada doméstica». Sin embargo, ella no recibió ninguna bendición.

¡Cuánto nos habíamos esforzado para obtener bendiciones! Incluso nuestra constante devoción parecía miserable. ¿Cómo puedo estar saludable? ¿Cómo puedo ganar mucho dinero y salir de la pobreza? ¿Cómo podemos cuidar de nuestras pobres hijas? Siempre tuvimos pensamientos de bendiciones.

La gente dice que ser bendecido significa vivir una vida larga, sana, con riquezas y pacífica, con muchos niños. Dicen que la riqueza es la bendición clave. Así que piensan que vivirán una buena vida si son ricos y saludables. Pero ¿qué pasa si mueren? Nada es valioso para ellos. Su suerte es necesaria solo para su vida, durante unos 70 a 80 años. Finalmente su suerte desaparece. No puede ser una verdadera bendición.

¿Qué es una verdadera bendición? ¿Qué tipo de bendición prevalece para siempre aunque morimos? La Biblia, en la que está escrita la historia de la humanidad, así como la vida, la muerte, la fortuna y las desgracias, ha descrito la verdadera bendición.

«Y haré de ti una nación grande, y te bendeciré, y engrandeceré tu nombre, y serás bendición» (Génesis 12:2).

En este caso la persona bendecida es Abraham. Él creía en Dios el Creador que gobierna todo. Él obedeció como Dios le ordenó, y sus caminos fueron irreprensibles.

Abraham vivió hasta la avanzada edad de 175 años. No tuvo hijos, pero luego Dios lo bendijo para que tuviera muchos hijos, que crecieron en obediencia. También tenía muchos siervos, rebaños y bienes. Él fue bendecido en todas las cosas. Y Abraham, más que todo lo anterior, recibió la vida eterna como el padre de la fe después de su muerte.

La mayor bendición declarada en la Biblia es la espiritual, que se da a aquellos que creen y obedecen a Dios, que viven según la Palabra y que irán al cielo donde no hay lágrimas, sufrimiento ni dolor. La segunda mejor bendición es la necesaria para la vida en este mundo, como llevarse bien con todos, tener buena salud, larga vida, hijos, honor y riqueza.

Ser verdaderamente bendecido significa recibir ambas bendiciones.

Hay mucha gente que parece ser bendecida. A nuestro alrededor podemos ver que las bendiciones mundanas no duran mucho. Algunas personas, que solían tener varios vehículos y casas, gastaban su dinero como agua, y de pronto se quedan sin dinero o sin comida. Algunos de ellos mueren jóvenes, dejando una gran fortuna. Otros pierden accidentalmente a sus esposas e hijos. No podemos decir que sean bendecidos.

Justo lo contrario, la bendición celestial no es temporal sino permanente. Mientras más días pasan, más bendiciones llegan. Esta es la verdadera bendición. Yo soy un testigo de eso.

Las bendiciones que he recibido

Dios me bendijo tanto como mi vaso cambió. Aquí me gustaría describir cuánto y cuán maravillosamente Dios me bendijo.

Viví durante mucho tiempo sin saber que Dios existe y que hay vida eterna después de la muerte. Pensé que la muerte era el fin de la vida y que no tenía esperanza de que hubiera algo especial en la vida.

Un día llegué a experimentar que Dios está vivo. Una vez que conocí a Dios, creí que Él y Su reino existen. Entonces me arrepentí de mi ignorancia y necedad. Admití que era un pecador y decidí vivir de acuerdo con la Palabra de Dios. Estaba tan feliz de darme cuenta de que recibí la más significativa bendición de la salvación. Desde entonces, mis labios siempre han cantado alabanzas, he orado y he agradecido a Dios por todo.

En segundo lugar, después de conocer a Dios, mi cuerpo enfermo rasgado fue sanado completamente. Dios me dio un cuerpo sano y un hogar dulce con niñas brillantes. Además, Él me llamó como Su siervo, que predicaría el evangelio, serviría a la iglesia, el cuerpo de Jesucristo, guiaría al pueblo a la salvación y trabajaría junto con Él como un hombre de Dios.

En tercer lugar, tuve la bendición de estar siempre con Dios. Dios nunca me ha dejado solo porque le he complacido. ¡Cuán maravillosa es Su bendición! Acompañar al presidente de su país debe ser muy honroso. ¿Cuánto más será ser acompañado por el

Dios Todopoderoso? Es tremendamente honroso y vale la pena. Los padres acompañan a sus hijos, los alimentan cuando tienen hambre, los visten, los acomodan donde duermen, les suministran lo que necesitan y los protegen del peligro.

Del mismo modo, Dios me ha acompañado, proporcionándome las cosas que necesitaba y dotándome de la autoridad y el poder para poder trabajar para Su reino y justicia.

Los endemoniados temblaban al mirarme. Dios hizo que todas mis palabras se cumplieran, así que mi congregación confió en mí y me obedeció. Cada vez que oraba por los miembros de mi iglesia, Dios nos mostró Su poder milagroso.

La cuarta bendición que Dios me dio fue que recibí de Dios todo lo que pedí.

Todo lo que pedí

Habían transcurrido unos seis meses desde que empezamos la iglesia. En ese momento, el santuario estaba en el segundo piso, y mi casa y oficina estaban en el sótano.

Fue un día antes de la gran fiesta Sullal [Año Nuevo Lunar], a eso de las 5 de la mañana, cuando estábamos terminando el servicio de viernes por la noche. Allí estaba ocurriendo un gran alboroto. Ocurrió una intoxicación por monóxido de carbono. Mis tres hijas jóvenes y un miembro adulto joven que estaba demasiado cansado para asistir al servicio nocturno del viernes estaban durmiendo en mi casa en el sótano. Cuando los encontraron, parecían muertos. Habían quedado inconscientes y sus cuerpos estaban fríos y sólidos. Los miembros de la iglesia iban de aquí para allá, sin saber qué hacer. Les dije que trajeran a esas personas intoxicadas con gas a la iglesia. Subí al altar y oré.

—Padre, te doy gracias. Si te llevas a mis tres hijas ahora o no, te doy gracias. Si he hecho algo mal, por favor dímelo y perdóname. Padre, aquí tengo un joven. Él es un miembro de mi congregación. Por favor, salva a este joven para que no deshonremos Tu nombre.

Bajé del altar, puse mis manos sobre el joven y oré así: «¡En el nombre de Jesucristo de Nazaret, yo te ordeno, gas de carbón, sal fuera! ¡Sal de él! ¡Te ordeno! ¡Sal de su cuerpo! Padre, por favor, tráelo de vuelta a la vida y permite que glorifiquemos Tu nombre».

Luego oré por mis tres hijas, una por una. Mientras oraba por ellas, el joven se sentó y se preguntó qué había sucedido. Mis tres hijas también se sentaron en fila. ¡Aleluya!

Al ver este milagro, la fe de los miembros de iglesia creció con mayor fortaleza que antes y dieron toda la gloria a Dios que hace posible lo imposible para aquellos que creen en Él. Desde entonces, hubo muchas personas que había sido intoxicadas con gas, pero volvieron a la vida a través de mis oraciones.

A continuación otro milagro.

Nuestros estudiantes de secundaria y miembros adultos jóvenes estaban a punto de partir para el campamento de verano que fue planeado por primera vez desde que abrimos nuestra iglesia. Era temprano por la mañana, y había estado lloviendo mucho durante la noche. La lluvia se hizo más densa con truenos y relámpagos. Los estudiantes y los miembros adultos jóvenes, que trajeron su equipaje a la iglesia la noche anterior, parecían estar muy decepcionados.

Le pedí a Dios:

—Padre, hoy vamos al campamento de verano. Sé que Tú controlas el tiempo. ¿Podrías detener los trueno, los relámpagos y la lluvia para que mis estudiantes y jóvenes adultos puedan tener un gran campamento de verano?

Oramos en voz alta todos juntos y le pedimos a Dios con fe. ¿Qué pasó después? Dios respondió nuestras oraciones y detuvo la fuerte lluvia.

Nuestro destino de campamento era la isla Daeboo-do, cerca de Inchon. Solo había disponible un servicio de transbordador al día. Se suponía que íbamos a dejar la iglesia a las 5 de la mañana. Sin embargo, la lluvia seguía cayendo hasta las 4:55. Yo creía que Dios haría algo por nosotros, por lo que pregunté:

«Mis queridos jóvenes miembros, ¿creen ustedes que si oramos en voz alta durante tres minutos, Dios detendrá los truenos, los rayos y las fuertes lluvias?».

Todos respondieron con un «¡Amén!».

Después de tres minutos de oración, les dije que se fueran. Y todos nosotros bajamos. El mismo momento en que dimos el primer paso en el suelo, la lluvia se detuvo. ¡Fue increíble! Apenas unos segundos antes, había truenos, relámpagos y llovía mucho. ¿Quién puede creer que esto realmente sucedió?

Nuestro Dios Todopoderoso cambió el clima para nosotros. ¿Qué otras cosas no estaría dispuesto a hacer por nosotros? Él nos había dado lo que pedimos.

«Si permanecéis en mí, y mis palabras permanecen en

vosotros, pedid todo lo que queréis, y os será hecho» (Juan 15:7).

Las bendiciones no son solo para mí, sino también para los que creen en Dios, y viven una vida santa según la Palabra.

Podemos hacernos estas preguntas a nosotros mismos. ¿Han recibido bendiciones las personas que claman «Señor, Señor»? ¿Todos los que afirman ser cristianos reciben bendiciones?

Espero que todos vivan según la Palabra de Dios para que todas las cosas salgan bien mientras sus almas prosperan. También deseo que puedan ser sanos y vivir sus vidas cerca de Dios, que puede responder a cada oración suya.

La voz del Señor

Todas las cosas me fueron entregadas por mi Padre; y nadie conoce quién es el Hijo sino el Padre; ni quién es el Padre, sino el Hijo, y aquel a quien el Hijo lo quiera revelar. Y volviéndose a los discípulos, les dijo aparte: Bienaventurados los ojos que ven lo que vosotros veis; porque os digo que muchos profetas y reyes desearon ver lo que vosotros veis, y no lo vieron; y oír lo que oís, y no lo oyeron (Lucas 10:22-24).

En la actualidad muchos maestros y padres dicen que es muy difícil lidiar con los adolescentes. La mayoría de esos adolescentes que causan problemas vienen de hogares sin amor, donde no hay comunicación entre los padres y sus hijos. Por falta de comunicación, esos niños no pueden sentir el amor paternal y por ello no puedan seguir la orientación de sus padres. Con el tiempo están propensos a ir hacia las trampas de la vida.

Si vivimos nuestra vida acompañados por Dios, podemos tener un profundo amor y comunicación con Él, escucharemos Su voz, conoceremos claramente y obedeceremos Su voluntad para que podamos glorificar a Dios cumpliendo muchos deberes por los cuales Dios nos recompensará.

¿Acaso no nos sentiremos desesperados y deprimidos como

hijos de Dios, si no podemos comunicarnos con Él? La vida sería como vivir con un padre sordo y mudo.

Dios nos permite escuchar Su voz durante Su comunicación con nosotros. La voz de Dios se puede escuchar de muchas maneras. Sobre la base de mis experiencias, a continuación voy a explicar las diferentes maneras en que podemos escuchar a Dios.

Las voz del Espíritu Santo

Antes de aceptar a Jesús como Salvador, se vive según los propios principios. Si tiene buena conciencia, no hará cosas malas. Sin embargo, si se ve afectado por las cosas malas que ve o piensa, vivirá una vida viciosa porque su conciencia se volverá más malvada.

Digamos que hay algo a su lado que le gusta mucho. No le pertenece, pero puede robarlo.

Aquí, su buena conciencia dirá: «Tomar algo sin permiso es robar. No debes hacerlo». Así que no lo robaría porque escuchó la voz de la buena conciencia. Al contrario, la mala conciencia dirá: «Vamos. Nadie lo sabe. Todo el mundo roba en esta situación. Lo tomaré. No será ningún problema». Si escucha la voz del maligno, robará. Todo el mundo difiere en la voz que oye.

Si está acostumbrado a escuchar la buena conciencia, creerá en Jesús, asistirá a la iglesia y oirá la Palabra de Dios que nunca cambia bajo ninguna situación, porque es la verdad.

Si abre su corazón y acepta a Jesucristo como su Salvador, recibirá el Espíritu Santo como un regalo. Y la verdad, que vino a usted por medio del pensamiento, revivirá su espíritu. Este fenómeno espiritual viene después de recibir el Espíritu Santo.

El Espíritu Santo le enseña quién es el Señor, qué es la verdad y qué es el pecado. Así que si usted, según la Palabra, desecha la naturaleza pecaminosa, su espíritu llega a ser capaz de oír la voz del Espíritu Santo. Y entonces, cuando deseche todos sus pecados y llegue a ser santo, escuchará la voz del Espíritu Santo de manera clara.

Hay tres maneras en las que el Espíritu Santo le habla.

La primera es la voz que le hace darse cuenta de la verdad. Aunque ha decidido no odiar a nadie, si ve a alguien que no le gusta, la enemistad surge en su corazón. En ese instante, el Espíritu Santo lo redarguye por medio de la Palabra: *«Si alguno dice: Yo amo a Dios, y aborrece a su hermano, es mentiroso. Pues el que no ama a su hermano a quien ha visto, ¿cómo puede amar a Dios a quien no ha visto?»* (1 Juan 4:20).

Si oye este tipo de voz y consuela su corazón para que intente amar y orar por la persona que no le gusta, su odio se transformará en amor sin saberlo.

La segunda es la voz que le hace sentir incómodo para permitirle conocer la voluntad de Dios. Cuando ocasionalmente le dice una mentira a uno de sus amigos, el Espíritu Santo le hace sentir incómodo para que se dé cuenta de que está cometiendo un pecado. Del mismo modo, el Espíritu Santo le pone en un estado de mucha ansiedad cuando usted quebranta la Palabra.

Hay una voz similar que puede hacerle sentir incómodo aunque no quebrante la Palabra de Dios.

A veces Dios, que es Todopoderoso, le obligará a hacer algo. Entonces sentirá un repentino impulso de orar, ir a casa o hacer algo inusual. Eso es porque Dios le protege del peligro y le dirige a ir bien con todas las cosas. Si usted se siente incómodo mientras espera el autobús, es porque el Espíritu Santo le está hablando para que no tome el autobús.

Esto ocurrió un domingo mientras yo era diácono.

Tenía la intención de ir al segundo servicio para la reunión de laicos. No sabía lo que estaba mal, pero me sentía incómodo durante toda la mañana. De repente sentí el impulso de asistir al primer servicio y luego visitar a mi cuñado. Obedecí esa voz. Cuando fui a ver a mi cuñado que había estado enfermo durante mucho tiempo, estaba de pie ante la muerte. Yo continuamente oraba por él y cantaba alabanzas justo a su lado. Le ayudé hasta que obtuvo la seguridad de la salvación. Dios me envió para que lo guiara a la salvación, tan solo un alma más.

Esta es la voz del Espíritu Santo, que nos hace sentir incómodos y nos motiva a hacer algo.

La tercera es la voz que habla a través de los mensajes.

En la Biblia, Dios dice: «Haz» o «No hagas». Dios da la paz cuando hacemos al pie de la letra lo que aconseja que hagamos.

La voz del Espíritu Santo que la mayoría de los cristianos escuchan es muy suave. Si no ignoramos la voz que entra en el corazón sino que obedecemos, llegaremos a ser muy espirituales y capaces de oír la voz claramente.

La voz de Dios

Existen varios casos en la Biblia en los que Dios habla directamente a la gente.

> *Y vino Jehová y se paró, y llamó como las otras veces: ¡Samuel, Samuel! Entonces Samuel dijo: Habla, porque tu siervo oye. Y Jehová dijo a Samuel: He aquí haré yo una cosa en Israel, que a quien la oyere, le retiñirán ambos oídos* (1 Samuel 3:10-11).

> *Y cayendo en tierra, oyó una voz que le decía: Saulo, Saulo, ¿por qué me persigues? El dijo: ¿Quién eres, Señor? Y le dijo: Yo soy Jesús, a quien tú persigues; dura cosa te es dar coces contra el aguijón* (Hechos 9:4-5).

La voz de Dios cuando me llamó para ser su siervo era como una voz humana, pero como agua clara. Estaba claro pero lo suficientemente fuerte como para hacerme temblar. Es imposible describir lo feliz que estaba en ese momento. Es muy raro oír la voz de Dios directamente.

La voz de Dios a través de un ángel o de una persona

> *Mas el ángel, respondiendo, dijo a las mujeres: No temáis vosotras; porque yo sé que buscáis a Jesús, el que fue crucificado* (Mateo 28:5).

En la Biblia podemos encontrar muchas ocasiones cuando Dios revela Sus propósitos a través de ángeles: espíritus que sirven a Dios. Las voces de los ángeles son muy hermosas.

Dios a veces cumple Su voluntad por medio de la boca del ser humano. Dirige a alguien a hablar para que sepamos que debemos seguir la verdad o nos deja sentir lo que debemos hacer para cumplir Su plan. Por lo tanto, debemos considerar que Dios a menudo nos habla a través de Sus siervos, líderes de zona, líderes locales, miembros de la iglesia o niños. Incluso, en Números 22:28-30, vemos que Dios usó un burro para hablar con Balaam.

La voz de Dios a través de la profecía

La profecía se hace por inspiración divina para mostrar lo que sucederá en el futuro. En la Biblia hay muchas profecías que se han cumplido, tal como se ha afirmado.

«Y permaneciendo nosotros allí algunos días, descendió de Judea un profeta llamado Agabo, quien viniendo a vernos, tomó el cinto de Pablo, y atándose los pies y las manos, dijo: Esto dice el Espíritu Santo: Así atarán los judíos en Jerusalén al varón de quien es este cinto, y le entregarán en manos de los gentiles» (Hechos 21:10-11).

Dios me dio a mí, Su siervo, muchas profecías. Yo creo que todas las profecías que se me han dado, ya se han cumplido o se cumplirán.

Dios revela Su plan a través de la profecía: *«Porque no hará nada Jehová el Señor, sin que revele su secreto a sus siervos los profetas. Si el león ruge, ¿quién no temerá? Si habla Jehová el Señor, ¿quién no profetizará?»* (Amós 3:7-8).

La voz de Dios a través de la revelación

La revelación es la declaración mediante la comunicación con Dios.

> *Me dijo entonces: Profetiza sobre estos huesos, y diles: Huesos secos, oíd palabra de Jehová. Así ha dicho Jehová el Señor a estos huesos: He aquí, yo hago entrar espíritu en vosotros, y viviréis. Y pondré tendones sobre vosotros, y haré subir sobre vosotros carne, y os cubriré de piel, y pondré en vosotros espíritu, y viviréis; y sabréis que yo soy Jehová. Profeticé, pues, como me fue mandado; y hubo un ruido mientras yo profetizaba, y he aquí un temblor; y los huesos se juntaron cada hueso con su hueso* (Ezequiel 37:4-7).

Tener un profeta es una bendición maravillosa porque podemos obtener muchas revelaciones de parte de Dios.

«La revelación de Jesucristo, que Dios le dio, para manifestar a sus siervos las cosas que deben suceder pronto; y la declaró enviándola por medio de su ángel a su siervo Juan» (Apocalipsis 1:1).

Yo creo en cada declaración escrita en la Biblia tal como está. Así que le pedí a Dios, mientras estaba ayunando por 40 días con la esperanza de estar plenamente armado con la Palabra, que me enviara un profeta como Ezequiel, quien me diría lo que ocurriría en el futuro.

Dios recordó que yo había orado con todo mi corazón, con amor por Él con la esperanza de comprender plenamente los versículos bíblicos difíciles. Él contestó mis oraciones.

En mayo de 1982, Él me reveló que empezaría una iglesia en un día de calor sofocante, y esto sucedió el 25 de julio tal como Dios había dicho. Desde esta fecha, Dios comenzó a mostrar Sus maravillosas obras a través de la revelación, tal como lo hizo a través de Ezequiel. Un hombre lisiado comenzó a caminar y a saltar porque Dios le dio fuerza a sus tendones. Después de esto sucedieron muchas sanidades milagrosas. La fe de los miembros de iglesia creció día a día. Muchos de ellos conocieron a Dios y nacieron de nuevo a través de Sus palabras proféticas.

Desde mayo de 1983, Dios me habló y me explicó los versículos bíblicos difíciles. Recibí esas explicaciones proféticas a través de muchos ayunos, oración durante la noche y siete años de perseverancia en clamor. Sus explicaciones respondieron todas mis preguntas y me dieron un claro entendimiento de los versículos difíciles.

He mencionado en total cinco tipos de la voz de Dios. Las otras formas en que podemos escuchar la voz de Dios son a través de sueños individuales, visiones y versículos bíblicos. Los sueños individuales se pueden clasificar en tres categorías: sueños no significativos, sueños del espíritu y sueños de revelación a través del Espíritu Santo. Interpretar los sueños requiere una habilidad de discernimiento especial.

En Mateo 11:27, Jesús dice: «*Todas las cosas me han sido entregadas por mi Padre; y nadie conoce al Hijo, sino el Padre, ni nadie conoce al Padre, sino el Hijo, y aquel a quien el Hijo se lo quiera revelar*». Necesitamos recibir la revelación para conocer a nuestro Padre Dios. La revelación se da a través de la comunicación con Dios, y podemos escuchar la voz de Dios a través de la comunicación.

Como hijos de Dios, podemos entender claramente la voluntad de Dios a través de la revelación para poder obedecerle, y para que lleguemos a ser buenos cristianos que reciben bendiciones verdaderas.

La soberanía

Dejé de realizar reuniones de avivamientos en otras iglesias

En mayo de 1983, Dios me dijo que dejara de realizar reuniones de avivamiento en otras iglesias. Al visitar iglesias para hacer avivamientos, me sorprendió encontrarme con ciertas realidades. Muchos creyentes no sabían exactamente por qué Jesús fue crucificado y cuál es el secreto de la cruz: que pueden ser redimidos de sus pecados cuando creen en Jesucristo. Ellos no tenían plena seguridad del Dios viviente. Así que Dios era el Dios de los muertos, no de las personas que todavía están vivas.

Realmente quería llevar a la salvación a los asistentes de los avivamientos como fuera posible. El enemigo Satanás y el diablo trataron de interferir con mi avivamiento desde el primer día, el lunes, mientras yo predicaba sobre la salvación, los milagros, la resurrección, la segunda venida de Jesús y el cielo. Sin embargo, el miércoles, Dios me dio la victoria final. Vi a muchos asistentes, incluyendo pastores y ministros, llorar y arrepentirse de sus pecados.

Dios me reveló los temas que yo predicaría en los avivamientos, y a través de las profecías, Él mostró a muchos asistentes el camino por el que deben ir. Dios nos mostró Su amor, Su gracia y Sus obras milagrosas en cada avivamiento que yo realizaba. Muchas personas tuvieron un encuentro con Dios y fueron transformadas. Los paralíticos se paraban y caminaban, y varias enfermedades fueron sanadas. ¡Aleluya!

Sin embargo, Dios de repente me dijo que dejara de conducir esos avivamientos. Él me dijo que recibiera Su revelación de la Palabra y que extendiera Sus planes perfectos por todo el mundo. Él profetizó que los judíos llorarían y se arrepentirían de sus pecados en un futuro cercano.

Por supuesto que le obedecí, porque sabía que yo no podía hacer nada y que Él puede hacer todo, y porque yo creía que Él quería que yo cumpliera Su voluntad a través de mí, Su siervo. Es por eso que obedecí de inmediato, tal como me lo pidió.

Me dediqué a la Palabra de Dios y a la oración

En mayo de 1983 comencé a prepararme para recibir revelación. Todos los domingos me dirigía a la montaña para orar justo después de que el servicio de adoración terminara. Hacía esto de lunes a jueves para leer la Biblia, orar y recibir revelación. Yo era como el apóstol Juan, que fue confinado en la isla de Patmos y recibió revelación a través de la comunicación con Dios. Para recibir revelación de este modo, tuve que dejar de lado todos los asuntos de la iglesia, incluyendo los problemas de los miembros.

El viernes regresaba a casa para prepararme y presidir la vigilia entera del viernes. El sábado oraba por los sermones de los servicios del domingo por la mañana y noche, hacía algunas visitas a los hogares y daba consejería a los miembros.

Dios hizo que leyera la Biblia cuidadosamente en tres ocasiones. Y luego comenzó a revelarme, con explicaciones completas, los versículos difíciles de Génesis a Apocalipsis, incluyendo los temas sobre los cuales los científicos o muchos eruditos hicieron objeciones.

Me hizo leer la Biblia tres veces más. Y me explicó los versículos difíciles y Sus propósitos para ayudar a los no creyentes a entender.

Luego, Él hizo que leyera la Biblia tres veces más y me explicó en detalle acerca de Su soberanía sobre todas las criaturas y la historia de la humanidad. También me dijo lo que haría en el futuro.

Para recibir estas revelaciones, tuve que luchar contra el diablo. Mi oración fue como una pelea sangrienta, tal como lo hizo Jesús en Getsemaní hasta que Su sudor se convirtió en gotas de sangre que caían al suelo o cuando Elías oró en el Monte Carmelo para recibir fuego del cielo.

Cada día de la semana mi vida comenzaba con la oración de la mañana. Luego tomaba el desayuno. Después oraba toda la mañana para recibir revelación, y al terminar el almuerzo oraba y leía la Biblia. Si yo tenía algún mal o un pecado escondido en mí, no podría entrar en el reino espiritual y tampoco podría recibir revelación de Dios. Para recibir las revelaciones tuve que ganar los obstáculos que Satanás presentó, despojarme de todo tipo de maldad y estar en paz con todos, para que pudiera agradar a Dios.

A través de Sus revelaciones experimenté el poder milagroso de Dios y Su asombroso amor. Le di toda la gloria y agradecimiento a Él.

El Dios soberano

A veces miro un mapa del mundo y sueño en la obra misionera mundial. Puedo ver el mundo entero en el mapa. El mundo parece bastante pequeño. Siento que estoy mirando mi palma. ¿Cómo le parecerá a Dios? Cuando miramos nuestras palmas, podemos ver las características detalladas en ellas, en los dedos y aquellas líneas grandes y pequeñas. Podemos decir que el mundo sería como una palma para nuestro Padre. Del mismo modo que podemos mover nuestras palmas por nuestra cuenta, Dios gobierna el mundo a Su manera.

Él creó todas las criaturas desde el primer día hasta el sexto día, y estableció el mundo de manera hermosa y lo hizo un lugar adecuado para la humanidad. Por último, creó a la humanidad y les dijo: *«Fructificad y multiplicaos; llenad la tierra, y sojuzgadla...»* (Génesis 1:28).

Entonces, ¿sobre quién reina Dios?
Primero, Dios reina sobre todas las criaturas del universo.

Él gobierna sobre el sol, la luna, las estrellas en este mundo, otros sistemas galácticos y todo el universo en orden, de modo que tengamos día y noche distintos, así como las cuatro estaciones. Él gobierna sobre el sol, la lluvia y todas las condiciones atmosféricas.

En segundo lugar, Dios reina sobre la historia de la humanidad.

Dicen que la historia de la humanidad es la combinación de la paz y la guerra. En la Biblia, la historia humana, incluyendo la

Primera, Segunda y Tercera Guerra Mundial, junto a los altibajos de las naciones, se registra exactamente como ocurrieron o como ocurrirán los eventos. Muchos cristianos, que tienen sus ojos espirituales abiertos, se dan cuenta de que Dios gobierna sobre la historia de la humanidad.

En tercer lugar, Dios reina sobre todos los acontecimientos en la vida humana: la vida y la muerte, la fortuna y la desgracia del hombre.

Él tiene la autoridad para gobernar la vida y la muerte, aunque algunas personas cortan sus vidas por sí mismos. Ninguna persona puede alargar su vida antes de la muerte por sí misma.

Si el pecado de alguien alcanza su medida completa, Dios toma la vida de esa persona. En oposición, Dios a veces extiende la vida de una persona, como en el caso del rey Ezequías en 2 Reyes 20. Dios nos recompensa según nuestras obras. Su ley es «Se cosecha lo que se siembra». Por esta ley Dios gobierna sobre la vida y la muerte, la fortuna y la desgracia del hombre, y el lapso de la vida. No preestablece el lapso de vida de los individuos.

Si usted siembra la justicia, será bendecido. Si siembra el mal, perecerá. Los justos, por la fe, serán salvos y recibirán la vida en el cielo. Pero los malvados serán arrojados al infierno porque la paga del pecado es la muerte. Es decir, Dios lleva al cielo a los que creen en Jesucristo, que es el camino, la verdad y la vida, y al infierno a los que no creen en Él. Del mismo modo, Dios recompensa a los malvados con ruina y a los buenos con bendiciones celestiales.

Dios da la bendición financiera a las personas que trabajan duro, no a los trabajadores perezosos. Si alguien es justo pero perezoso, esa persona se vuelve pobre. Si los malvados sueñan con hacer una gran fortuna de la noche a la mañana, finalmente fracasan aunque parezcan temporalmente exitosos.

Dios da luz, aire y lluvia a los malvados así como a los justos para que ambos puedan vivir sus vidas en este mundo. Al mismo tiempo, Él, como el Señor Soberano que gobierna sobre la vida y la muerte, la fortuna y la desgracia, los recompensa según sus obras.

En cuarto lugar, Dios gobierna sobre todo de una manera que los justos que creen en Él serán prósperos, así que todo marchará bien con gente justa.

Él es justo, así que Él permite que los ángeles sirvan y guíen a Sus hijos de acuerdo con la regla del reino espiritual. Él, que sabe todo, da bendiciones a Sus hijos cuando le piden en oración. Cuando Sus hijos oran, Él envía ángeles para protegerlos del diablo, mientras que los no creyentes no pueden ser protegidos del diablo ni recibir ayuda de parte de los ángeles.

Además de esto, el Espíritu Santo, como la voz de Dios, conduce a los creyentes. Si obedecen la voz del Espíritu Santo, serán conducidos al camino seguro y recto, no al camino peligroso e incorrecto. Pero los no creyentes no pueden recibir esta bendición porque solamente la reciben aquellos que aman a Dios.

He conocido a Dios, el Soberano, que me ha dado abundantes bendiciones. Por Su voluntad me hice Su siervo que guía mucha gente a la salvación y predica Su Palabra.

Doy todas las gracias a Dios, el Soberano, que me dejó oír Su voz para predicar Su Palabra, la cual es tan perfecta que hasta que el cielo y la Tierra pasen, no pasará la más pequeña letra o trazo de Su Palabra.

La revelación

Durante tres años después de haber aceptado a Jesucristo, perseveré. Como resultado, me despojé de todos mis pecados y viví por la Palabra de Dios. Entonces, Dios me dio el don de discernir entre los espíritus. Desde que recibí este don, llegué a sentirme incómodo cuando la Palabra de Dios era mal interpretada por pensamientos humanos o explicaciones literales.

Como dije anteriormente, tuve tres años de perseverancia antes de entrar en una escuela de teología para ser un siervo de Dios cuando recibí el llamado. Entre los estudiantes de primer año, yo era el que hacía preguntas a los maestros con más frecuencia. Sin embargo, ningún maestro fue capaz de contestar satisfactoriamente mis preguntas. Así que dejé de preguntarles, y en su lugar, desde el segundo semestre, le pedí directamente a Dios que me explicara los pasajes difíciles. Esos pasajes no se acoplaban bien con la Palabra de Dios cuando se interpretan literalmente. Por eso le pedí a Dios que me explicara los significados espirituales de esos pasajes.

La revelación a través de profecías me permitió comprender los significados espirituales de la Escritura. ¡Cuánto gozo tuve! No puedo describir cuánto el Espíritu Santo en mí se regocija. La alegría me hace olvidar lo mucho que me esforcé para recibir la revelación.

Me gustaría presentar a continuación algunos sermones y profecías recibidas a través de la revelación. Compartí esto con gratitud con los miembros de la iglesia y otros miembros de otras iglesias, así como en cintas de casetes de sermones.

Estoy agradecido a Dios el Padre quien ha respondido mis oraciones tal como Él prometió en Jeremías 33:3: *«Clama a mí, y yo te responderé, y te enseñaré cosas grandes y ocultas que tú no conoces».*

La parábola del banquete de las bodas (Juan 2:1-11)

Es muy posible que usted haya estado en una boda. La boda es una ceremonia sagrada y feliz cuando un hombre y una mujer se convierten en una sola carne. Sin embargo, el banquete que sigue a la ceremonia de la boda no siempre es sagrado, porque los asistentes disfrutar de beber y comer.

Aquí, pensemos en el primer milagro que Jesús mostró en el banquete de las bodas: transformar el agua en vino.

Jesús vino al mundo para difundir el evangelio y dar vida a los muertos. Pero, ¿cambió el agua en vino para que la gente pudiera beber? ¿Por qué mostró Él este milagro como el primero cuando comenzó Su ministerio público? Yo me preguntaba por qué. Así que oré sinceramente a Dios para que me permitiera saber por qué Jesús hizo el milagro.

Un día, mientras oraba fervorosamente a Dios para que me explicara la parábola del banquete de las bodas, me habló a través de la profetisa.

Apocalipsis es la declaración a través del profeta para revelar la voluntad de Dios. Así que el orador inicial es el Señor, y el profeta, que está lleno del Espíritu Santo, es el que habla. Por favor, no malinterprete la revelación. En las revelaciones a continuación, «yo» indica a Jesucristo.

«Ahora te digo mi voluntad a través de la profetisa.
¿Qué es el banquete de las bodas en Caná? ¿No es el primer milagro que hice, que fue cambiar el agua en vino en el banquete?

Mi querido siervo, sé que te he dado una parte, no la totalidad.

Mi querido siervo, cuando me complazcas y te mantengas en la justicia, te explicaré muchos mensajes. Sé agradecido.

Siervo amado, yo, usando el poder dado por Dios, mostré el primer milagro en el banquete de las bodas en Caná. ¿Por qué crees que lo hice?

La Escritura menciona que las personas estarán comiendo y bebiendo, casándose y dándose en matrimonio, hasta el día... (ver Mateo 24:37-38).

¿Por qué se produjo el diluvio en el tiempo de Noé? Los juzgué con agua, mi palabra, porque se casaban, caían en el libertinaje y se embriagaban.

Entonces, ¿qué significa el banquete de las bodas de Caná? Caná en Galilea significa el mundo, el banquete de las boda significa casarse y el vino significa la bebida. La bebida traerá intoxicación, la intoxicación traerá desenfreno, y el desenfreno los llevará a pelear. Entonces el banquete mostrará todas las cosas malvadas en el mundo. La Escritura dice que yo, Jesús, fui invitado a un banquete de las bodas. ¿Qué fue lo que me hizo Satanás después de todo? ¿Acaso no me crucificó? Todo se cumplió por medio de mi crucifixión. Por lo tanto, invitarme al banquete de las bodas significa invitarme a la crucifixión (ver Mateo 26:50).

Permití que eso se escribiera en la Biblia para que supieran el verdadero significado de ella, así como el milagro que yo hice. Esto fue escrito para mostrarles el corazón de Dios. Cuando el hombre lo lee, solo puede encontrar un milagro. Sin embargo, si conoces mi corazón, recibirás la revelación como yo quiero. Nadie conoce al Padre excepto el Hijo y cualquiera a quien el Hijo quiera revelarle (ver Mateo 11:27).

Te digo la verdad, mostré este milagro para que el enemigo Satanás pudiera darse cuenta más tarde de que daría vida eterna a aquellos que creen en mí, entregando mi sangre como vino. El vino en el mundo embriaga, pero el color rojizo del vino que doy, simboliza mi sangre que da vida eterna. Te digo la verdad, cuando el diablo enemigo me invitó, revelé al pueblo que derramaría mi sangre por mi pueblo para que tuvieran vida eterna.

¡Mi amado siervo! Como el mundo me invitó, fui voluntariamente crucificado. El vino del mundo embriaga a la gente, pero mi vino fue mi sangre que les daría vida eterna.

Solo mi Padre y yo sabíamos esto. Mi querido siervo, no olvides este importante significado. Ni olvides que el milagro lo hice yo solamente.

¡Mi amado siervo! Desde que vine a este mundo, todas las cosas han sido hechas por la fe. Pero nunca hice que la gente creyera algo que no habían visto. Siempre les di la revelación en la fe. Y Dios, mi Padre, bendijo a los que tenían fe para que sobreabundaran con más fe.

Cuando le dije a José que no tuviera temor de tomar a María como su esposa, él me obedeció. Cuando le dije a María que daría a luz un hijo, ella también lo creyó. Al creer, el bebé podía ser concebido por el Espíritu Santo. Sin fe, ningún milagro hubiera ocurrido.

¡Mi amado siervo! Nada habría sucedido si no hubiera sido por la gloria de Dios y Su providencia. Y sin fe, nada se habría hecho. Dios lo ha hecho todo con tanta justicia que hasta el enemigo Satanás no puede acusarlo en absoluto. Hice el milagro en el banquete de las bodas, porque mi madre terrenal tenía fe y ella quería que yo hiciera esto. Sabes que no puedo hacer un milagro donde no hay fe. También la razón por la que levanté a Tabita de la muerte fue para mostrarles que Dios puede realizar cualquier milagro cuando Él está complacido en Su corazón. Te digo la verdad, realicé un gran milagro en cada aldea para que la noticia se extendiera a todos los lugares.

¡Mi amado siervo! Ten en cuenta que no he realizado muchos milagros en un solo lugar. Mantén toda tu comprensión de lo que te he dicho».

A través de esta revelación, llegué a entender la Palabra de Dios con facilidad. Tres días después de que Jesús comenzó Su ministerio público, Él y Sus discípulos, así como Su madre María fueron invitados a una boda en Caná, en Galilea. Esto está registrado en Juan 2. Cuando el vino se terminó, Su madre le dijo: *«No tienen vino»* (v. 3). Jesús le respondió: *«¿Qué tienes conmigo, mujer? Aún no ha venido mi hora»* (v. 4). Su madre confiaba en que Jesús realizaría un milagro y les dijo a los sirvientes que hicieran lo que Jesús les dijera. Debido a esta fe, Jesús pudo realizar el milagro.

Entonces Jesús le dijo a los sirvientes: *«Llenad estas tinajas de agua». Y ellos las llenaron hasta arriba. Luego Jesús les dijo: «Sacad ahora, y llevadlo al maestresala»* (v. 8). Lo hicieron y el dueño del banquete probó el agua que se había convertido en vino. No sabía de dónde había venido, pero los sirvientes que trajeron el agua sí lo sabían. Entonces llamó al novio a un lado y le dijo: *«Todo hombre sirve primero el buen vino, y cuando ya han bebido mucho, entonces el inferior; mas tú has reservado el buen vino hasta ahora»* (v. 10).

«Este principio de señales hizo Jesús en Caná de Galilea, y manifestó su gloria; y sus discípulos creyeron en él» (v. 11). Este versículo compara el principio y el fin del ministerio público de Jesús con un banquete de bodas.

Ahora permítame explicar este incidente espiritualmente. Jesús siendo invitado a la boda simboliza que el mundo invitó a Jesús a ser crucificado, y Él aceptó y murió en la cruz. El banquete de la boda se refiere a los últimos días cuando el mundo estará lleno de comida, bebida y pecado. Convertir el agua en vino significa la sangre de Jesús que Él derramó en la cruz para darnos vida eterna. El comentario del maestresala de que «el vino era el mejor», simboliza la alegría de aquellos que son perdonados de sus pecados por beber la sangre de Jesús, y es lo mejor porque tienen esperanza para el reino celestial. Jesús reveló Su gloria por medio de Su crucifixión y por Su resurrección tres días después de la muerte, y dijo que no se daría ninguna señal sino la señal del profeta Jonás (Mateo 12:39).

Sus discípulos pusieron su fe en Él después de ver Su primer milagro. Este hecho simboliza que verdaderamente le creyeron a Jesús y pudieron arriesgar sus vidas para predicar la resurrección de Jesucristo y el mensaje de la cruz solamente después de haber presenciado Su crucifixión y resurrección. ¡Cuán decepcionado se debe sentir Dios, si entendemos el primer milagro de Jesús meramente como una celebración en un banquete de bodas!

El milagro era simbólico de lo que Jesús iba a hacer para salvar a la humanidad al comenzar Su ministerio público. Yo estuve tan emocionado de entender este significado espiritual. Incluso ahora, mi corazón se llena de alegría cuando pienso en ese momento.

La caída y la recuperación de Israel (Juan 19:23-24)

Dios también reveló Su voluntad para Israel a través del Espíritu Santo:

«¡Mi querido siervo! Nací como un israelita, como un descendiente de David. Te digo en verdad, Israel es mi cuerpo. Como mi cuerpo fue herido, toda la nación de Israel

fue herida. Debido a que los israelitas hirieron a su rey, su país fue perjudicado. Al igual que la lanza me traspasó, Israel iba a ser traspasado. Al igual que mi ropa fue dividida, todos los israelitas debían ser esparcidos. Así como echaron suertes por mi ropa, los israelitas perderían su nación.

¿Qué dijeron los israelitas cuando me crucificaron? Ellos dijeron: «¡Caiga su sangre sobre nosotros y sobre nuestros hijos!» (Mateo 27:25). Y Dios el Padre permitió que sucediera así como ellos pidieron.

¡Mi amado siervo! ¿Por qué se registró que mi ropa era de tejido sin costura de una sola pieza de arriba a abajo? Significa que Israel ha permanecido como nación desde que el nombre de Jacob se cambió a Israel. ¿Podría Israel estar de pie otra vez, si mi ropa hubiera sido rota? Por lo tanto, mi ropa debía permanecer en una pieza, ya que significa que Israel sería reformado.

¡Mi amado siervo! Aunque los israelitas estaban esparcidos por todo el mundo mientras mis vestidos eran despedazados en cuatro pedazos, el corazón de ellos seguía siendo el mismo hacia Dios mientras que mi ropa no fue rasgada por los soldados.»

Ahora voy a explicar en detalle el significado espiritual de lo anterior. Cuando los soldados romanos crucificaron a Jesús y rasgaron Sus vestidos en cuatro partes, los israelitas, después de haber crucificado a Jesús, fueron esparcidos en las cuatro direcciones cuando los romanos los conquistaron en el año 70 d. C.

Los soldados también tomaron Su túnica. Pero como era

perfecta, tejida en una sola pieza de arriba a abajo, los soldados echaron suertes en vez de rasgarla. Esto significa que ninguna fuerza podría detener el espíritu de los israelitas, que respetaron y temieron a Dios y amaron a su país desde Jacob.

Y como estaba escrito, Israel fue realmente reformado el 14 de mayo de 1948 (ver Ezequiel 38). El hecho de que la nación fue reformada unos 2.000 años después de haber sido destruida por completo por Tito, en el año 70 d. C., es un milagro de milagros, que solo puede ocurrir por la voluntad de Dios.

Capítulo *6*

Una vida preciosa

Recuerdo

Mi pasado

Mi presente

Mi futuro

Gracias por todo

Recuerdo

Mi cuerpo estaba totalmente mojado por el sudor, pero mi corazón saltaba de alegría. ¿Dónde puedo escuchar estas preciosas palabras? ¿Quién me puede enseñar la maravillosa Palabra de Dios? Mi corazón latía fuertemente, y mis ojos estaban llenos de cálidas lágrimas.

Los secretos de los vestidos y la ropa de Jesús, la profecía de la caída y la restauración de Israel...

No podía dejar de agradecer a Dios que me había revelado Su preciosa Palabra. Yo guardé todas las revelaciones en mi corazón. Pensé en esta misteriosa obra de Dios. ¿Por qué hace esto por mí? Las cálidas lágrimas de mis ojos por Su profundo amor hacia mí estaban respondiendo a esta pregunta.

Después de recibir la sorprendente revelación de Dios

Creo que mi vida fue completamente guiada por la voluntad de Dios según Su plan. Cuidó de mi vida porque ha sido bendecida hasta ahora con milagros y pruebas en todo momento.

Yo era un hombre común, introspectivo, terco y de cuerpo pequeño. ¿Por qué Dios me llamó como Su siervo para guiar a mucha gente a la salvación en estos últimos días? ¿Por qué me eligió para tener un gran sueño de evangelización mundial? ¿Por qué guió y protegió mi vida hasta ahora? No pude obtener una respuesta por mí mismo. Yo era simplemente un hombre común, que no tenía nada mejor que otros hombres. Si tenía algo diferente, era mi corazón. Mi corazón era fiel, buscaba justicia y perseverancia.

Dios escogió a David para ser un rey, no por su apariencia externa sino por su corazón. De la misma manera, Dios me eligió para difundir las buenas nuevas en todo el mundo, no por mi apariencia sino por mi corazón. No pude dejar de agradecerle por escogerme con amor.

Desde el momento que me escogió, permitió que pasara por toda clase de pruebas. Al reflexionar en ellas, me siento agradecido a Dios. Si no hubiera sido refinado a través de esas pruebas, no podría haberme convertido en lo que soy, Su siervo amado.

Dios le pidió a Abraham que sacrificara a Isaac. Dejó que Jacob luchara con un hombre hasta que este le descoyuntó el muslo desde la cadera. De igual manera, Él me disciplinó hasta poder eliminar todo tipo de maldad.

Cuando me convertí en un nuevo cristiano, Dios me hizo batallar duramente para vivir de acuerdo con la Palabra. Mientras yo era diácono, Él me dotó con fuerza para poder guardar todos Sus mandamientos.

En Mateo 5:27-28, Dios nos dice: «*Oísteis que fue dicho: No cometerás adulterio. Pero yo os digo que cualquiera que mira a una mujer para codiciarla, ya adulteró con ella en su corazón»*. Para cultivar este mensaje ayuné y oré durante tres años, y pude vencer el adulterio.

La disciplina de Dios no terminó allí. Mientras estudiaba en la escuela de teología y me preparaba para comenzar una iglesia, Dios hizo que bloqueara mis propios pensamientos y que me dejara llevar con la inspiración del Espíritu Santo en mi corazón. Ya no tenía mis pensamientos y voluntad sino el corazón del Señor.

Antes de comenzar la iglesia, a menudo me convertía en blanco de críticas desfavorables. A pesar de que algunos cristianos me consideraban como un hereje o las pruebas recaían sobre mí, siempre mantuve la misma actitud. Yo amé a la gente que me hacía pasar un mal momento. Oré y agradecí a Dios por ellos. Pude hacerlo porque Él me había refinado. Esta es la razón por la cual Dios bendijo la nueva iglesia y diariamente añadía nuevos miembros para poder guiar a muchos a la salvación.

Incluso después de que nuestra iglesia creció y se asentó, fui continuamente disciplinado bajo la mano de Dios. Su disciplina me hizo no solo despojarme de todo tipo de maldad para que de esta manera yo le complaciera, sino también estar en paz con todos. Él me ayudó a cultivar los atributos que un pastor necesitaría para trabajar en una iglesia grande en el futuro. Es porque la iglesia produciría un gran número de siervos para Dios, y sería un refugio donde muchos creyentes podrían descansar.

¡Cuán considerado es el amor de Dios! Él protegió a nuestra iglesia de las acusaciones del enemigo. Quería que nuestra iglesia recibiera solamente bendiciones. Si surgía alguna pelea o celos en la iglesia, Dios dejaba de darnos bendiciones y tampoco me daba ningún tipo de revelación.

Yo debía ser el pastor que lava los pies de otros tal como Jesús hizo con Sus discípulos. No debía perder ninguna de las almas que Dios me enviaría. Yo debía llevar la cruz de la misma manera que Jesús para salvar a otros, y cumplir la misión que Dios me dio, a pesar de cualquier desgracia o vergüenza.

Cada día comenzaba y terminaba con muchas lágrimas. Al pensar en los miembros de mi iglesia, pasé mis días orando por ellos en lágrimas. Puse una petición con llanto a Dios por Su revelación. Y le pedí a Dios que cuidara bien de la iglesia y de la congregación.

Cierto día, Dios me dio este magnífico regalo de una canción llamada: «Mi querido siervo». Era Su amor y consuelo, algo que nadie más podía darme. El Señor compuso las palabras de esta canción.

«Con mi sangre limpié todos tus pecados.
Ahora le doy vida a los muertos
con mi poder a través de ti.
Siempre estaré contigo.

Hice un pacto a través de mi cuerpo y sangre.
Mi querido siervo, créeme.
Sé valiente dondequiera que vayas,
porque yo soy el poder de tu vida.
Yo soy el poder de tu verdadera vida.

Abrázame y gana la victoria.
Mi querido siervo, sigue adelante.
Siempre estaré contigo.

¡Oh, Padre! ¡Recíbelos!
¡Recibe a mi siervo amado!
Como mi Padre confió en mí y me envió,
también confiaré en ti.

Tú eres mi poder y mi amor.
Mi amado siervo,
cuando me encuentres al venir en la luz de gloria,
me regocijaré de verte».

Luego de haber sido ordenado como pastor

Fui ordenado como pastor cuatro años después de la apertura de la iglesia. Fue un acontecimiento alegre para todos los miembros de la iglesia. Me quebranté al ver el amor que tenían por mí.

Después de ser ordenado, Dios me instó a ayunar y orar por 21 días, siguiendo el ejemplo de Daniel, por lo que dejé la iglesia para poder hacer esto según lo que Dios me guió a hacer. Me instó a dar el primer paso como pastor, comunicándome con Él y recibiendo profecías de revelación.

Durante los 21 días de ayuno y oración, eché mucho de menos a los miembros de la iglesia. Al mismo tiempo me di cuenta de lo preciosos que eran para mí.

¡Cuánto Dios ha edificado la congregación desde el principio de la iglesia! Dios hizo que cada miembro experimentara al Dios vivo. Él obró en ellos para que pudieran sentir y experimentar que Él es el Dios vivo. Los paralíticos se pusieron de pie y caminaron. Aquellos que fueron gravemente heridos por accidentes de tránsito también volvieron a caminar y a saltar. Dios nos bendijo con una gran cantidad de obras milagrosas. En consecuencia, la fe de la congregación crecía día tras día. Y mucha gente vino, conoció y experimentó a Dios. Al igual que Pablo confesó en su carta a los corintios: *«Yo os engendré por medio del evangelio»* (1 Corintios 4:15), la congregación fue preciosa para mí.

Desde el comienzo de mi ministerio, Dios me ayudó a predicar a la congregación con el mensaje de fe, por lo que pude sembrar confianza y fe en su corazón para que pudieran hacer cualquier cosa con la ayuda de Dios.

Mediante el mensaje de esperanza, Dios ayudó a mi congregación a obtener la seguridad de la salvación y la resurrección, de modo que llegaron a tener la esperanza del cielo. Dios ayudó a toda la congregación a luchar contra sus pecados para despojarse de ellos y tomar la victoria sobre el mundo como ciudadanos del cielo.

Y a través del mensaje de amor, Dios ayudó a la congregación a adoptar el corazón de Jesucristo y a vivir una vida santa para que ellos dieran frutos benditos en sus vidas. Él levantó a los miembros de la iglesia para trabajar duro hasta el punto de la muerte para Su reino, los hizo levantarse y brillar. Los bendijo para que fueran grandes obreros para la iglesia, realizando muchas asignaciones y que así recibieran recompensas en el cielo.

Le di las gracias a Dios una vez más por cada miembro de la congregación. Oré por ellos para que recibieran más bendiciones:

—¡Oh, Padre mío! Gracias por darme esta congregación. Todos los miembros: los ancianos, los diáconos mayores y jóvenes y las diaconisas, los jóvenes adultos y los estudiantes. Todos creen que Tú estás vivo, y viven una vida fiel. ¡Padre, muchas gracias por darme esta preciosa congregación!

Ahora estamos llenos del Espíritu Santo y la gracia. Somos uno en el amor, como la iglesia primitiva. Creo que seremos como la iglesia en Filadelfia, a la que Dios alabó. Mis miembros de la iglesia, que tratan de vivir de acuerdo con la Palabra de Dios, luchando contra los pecados hasta el punto de derramar sangre, aprecian mis consejos y obedecen lo que yo enseño. ¡Cuán agradecido estoy!

Nada de esto habría sido posible si Dios no nos hubiera guiado. Yo no habría tenido ninguno de estos miembros de la iglesia si Dios no los hubiera enviado. No puedo dejar de agradecer a Dios quien siempre me guiará hasta el fin del mundo.

No me di cuenta de que mis cálidas lágrimas de gratitud fluían por mi rostro sobre la almohada. Mi pecho estaba hinchado de alegría. Mi mente acelerada en los recuerdos del pasado.

Mi pasado

Cuando Dios me llamó como Su siervo en mayo de 1978, yo era un hombre de 36 años y padre de tres hijas. No pude recordar gran parte de mi pasado. No podía recordar lo que había aprendido en la escuela. Yo no era el tipo de persona que iría a una universidad para estudiar teología. Para empeorar las cosas, predicar delante de muchas personas parecía absolutamente imposible. Por esas razones no pude obedecer de inmediato lo que Dios me había ordenado. Sin embargo, Él sabía que mi corazón estaba dispuesto a obedecer. Así que Él me llamó para que fuera Su siervo, y yo finalmente le obedecí.

«Jesús le dijo: Si puedes creer, al que cree todo le es posible» (Marcos 9:23).

Ya que Dios sabe todo sobre mí, incluyendo lo que necesito, le clamé a Él, puse todo en Sus manos y confié solo en Dios.

He llevado mi vida a mi manera

Una vez que me di cuenta de que Dios había guiado mi vida desde el nacimiento hasta el momento en que conocí a Jesús, llegué a apreciar mi pasado.

Yo no sabía nada de Dios. No admitía que Él existía. No me importaba de dónde venía, a dónde iría y por qué vivía. Solo vivía mi vida a mi manera. No tenía esperanza ni valor en mi vida. Esa era mi vida pasada. Debido a mi vida pasada, mi vida actual me parecería mucho más valiosa.

Por llevar una vida miserable

Cuando pienso en los días pasados de enfermedad, me doy cuenta de que fueron otro precioso tiempo para mí. ¡Qué miserable y pobre era! No podía pagar el tratamiento hospitalario, así que tuve que quedarme en casa por varios años. Tuve que vivir mi vida con el dinero que mi esposa pidió prestado bajo la condición de que lo pagaríamos, incluyendo el interés diario, que era excesivamente alto.

Debido a esta dolorosa experiencia, llegué a sentir misericordia por la gente pobre, y muchas veces les proporcioné apoyo financiero.

En el fondo de mi corazón me di cuenta de que el amor humano cambia, pero el amor de Dios, que me sanó completamente, no cambia. Le di las gracias por Su amor y llegué a amar a Dios con todas mis fuerzas, con todo mi corazón y con toda mi vida.

El largo tiempo perdido de mis días de enfermedad me hizo no solo entender el dolor en el corazón de los enfermos, sino también apreciar el tiempo que me dieron. Así que trabajé lo más duro posible, mucho más duro que los demás.

Mi pasado no tenía dirección. Estaba a flote en un río. Así que comencé a seguir a Jesús, que es el camino, la verdad y la vida.

Por otra parte, como yo había fallado en hacer mis propios

planes realidad para mí, le entregué mi vida totalmente a Dios y así pude vivir una vida victoriosa. En el pasado, yo era un hombre de pensamiento limitado, vivía solo para el dinero, el honor y la reputación social. Como resultado, no obtuve satisfacción alguna, solo decepción. Tampoco obtuve gozo, sino tristeza y nada de paz, además de dolor.

La vida dolorosa de mi pasado me ayudó a conocer al Dios vivo, y a darme cuenta de lo profundo y misericordioso que es Su amor. Por eso considero mi pasado precioso.

Mi presente

Dios, que es misericordioso, llamó a la puerta de mi corazón varias veces. Sin embargo, yo era demasiado ignorante, necio y obstinado para abrirle mi corazón, así que tuve que sufrir fracasos, decepción y dolor.

Un día Jesús, que es el camino, la verdad y la vida, llegó a mi vida a través de mi humilde hermana mayor. Aunque involuntariamente me presenté ante Dios a través de la solicitud sincera de mi hermana mayor, Jesús me trató con cariño y me dio muchos dones.

En Lucas 15:7 leemos: *«Os digo que así habrá más gozo en el cielo por un pecador que se arrepiente, que por noventa y nueve justos que no necesitan de arrepentimiento».*

Solo el Señor Jesús, siempre el Señor Jesús

Yo había cambiado en un 100 %. ¿Puedo recuperar alguna vez esos siete años perdidos mientras estaba enfermo hasta el punto de morir? ¿Qué puedo aprender de ellos?

Cuando dibujé una imagen mental de mi futuro, sentí algo similar al poder en mí. Sin saberlo, cerré los puños. Ahora Dios me ama. Entonces nada será un problema para mí. Sé que Dios está vivo y es Todopoderoso. Sentí la paz desde el fondo de mi corazón.

«¡Solo Jesús, siempre Jesús!» se estaba convirtiendo en mi lema para mi nueva vida. Como Saulo que conoció a Jesús en el camino de Damasco, fui cambiado repentinamente en el mismo momento en el que conocí a Dios.

Yo creía que Él podía restaurar a cualquiera que estuviera muriendo, así que le entregué toda mi vida a Él. Cuando encontraba algunos pecados en mí, inmediatamente me despojaba de ellos, incluyendo mis placeres mundanos. Dejé de beber; y dejé de jugar Badook (un juego tradicional coreano que se juega con piedras blancas y negras para ganar territorio) y Hwatoo (un juego de cartas coreano).

Encontré alegría solamente en ayunar, orar, leer y estudiar la Biblia, y cultivar la Palabra de Dios en mi corazón. Esta era mi vida cotidiana.

Dios me dio un trabajo pesado y laborioso para restaurar mi salud mientras cultivaba la paciencia. Pude reconocer bien en qué ambiente vivían los obreros y cuál era su forma de pensar. Así que pude evangelizarles, dando mi testimonio.

Dios también me permitió gerenciar una librería, donde me di cuenta de que si yo administraba mi negocio permaneciendo en la verdad de Dios, Él me bendecía en abundancia. Mientras ganaba sabiduría y experiencia para dirigir la librería, también podía evangelizar a muchos clientes allí. Esa fue la forma de Dios de entrenar y hacerme un buen obrero que podría guiar a muchas almas a la salvación.

Dios me ayudó a despojarme de mis pecados y vivir por Su Palabra. Él me dio un amor feroz con el cual yo evangelizaría a muchas almas. Cuando oré con fe en Su amor por la gente, Dios mostró Su poder milagroso a través de mí de varias maneras.

Las personas enfermas fueron sanadas mientras oraba por ellas. Mi segunda hija fue atropellada por un automóvil y llevada al hospital. Se encontraba en coma. La llevé a casa y oré toda la noche por ella con fe, y dejé su vida en las manos de Dios. Gracias a que yo tenía fe en Dios que es Todopoderoso, sabía que Él podía curar a mi hija. No lo dudaba. Dios completamente sanó a mi hija más rápido de lo que los médicos jamás pudieron.

Antes de que se sanara, nuestros vecinos se burlaron de nosotros. «Son cristianos extraños. ¿Por qué no llevan a la niña al hospital?».

Pero luego llegaron a creer en Dios, y le dieron a Él la gloria. ¡Aleluya!

Mi primera hija que tenía una enfermedad de la piel muy mala, y mi tercera hija que tenía una conmoción cerebral, también fueron sanadas completamente a través de la oración. Ninguno en mi familia ha ido a ver a un médico desde que creímos en Jesús. No necesitamos la medicina sino el poder de Dios para ser sanados. Le dimos la gloria a Dios por completo.

A mi familia le gustaba mucho ofrecer ofrendas a Dios. Pudimos experimentar que Dios bendice a las personas para que puedan cosechar lo que siembran, así que le dimos todo lo que pudimos.

Mi casa siempre estaba llena de sonidos de alabanza y oración. De esta manera, pudimos evangelizar eficazmente a muchos de los que simplemente escucharon.

«¿Qué le hace tan feliz cada día?». Nos preguntaban a menudo.

«También usted será feliz y tendrá gozo si cree en Jesús».

Nuestra casa siempre estaba llena de visitantes. Mi esposa es una buena cocinera, por lo le gustaba cocinar y servirles su deliciosa comida. Ella y los miembros de su célula seguían orando, alabando, leyendo la Biblia y teniendo comunión. Como resultado, el número de miembros de su célula aumentó hasta siete veces más. Este rápido crecimiento nos enseñó que el amor y las oraciones son esenciales para invitar a que sucedan los milagros de Dios.

Levántate y resplandece

Dios continuamente nos mostró Sus milagros desde que empezamos nuestra iglesia. Aun cuando nada era visible, Dios respondió a nuestras oraciones, mientras creíamos en Él.

Y aunque tu principio haya sido pequeño, tu postrer estado será muy grande (Job 8:7).

Levántate, resplandece; porque ha venido tu luz, y la gloria de Jehová ha nacido sobre ti. Porque he aquí que tinieblas cubrirán la tierra, y oscuridad las naciones; mas sobre ti amanecerá Jehová, y sobre ti será vista su gloria. Y andarán las naciones a tu luz, y los reyes al resplandor de tu nacimiento (Isaías 60:1-3).

Teníamos nueve personas cuando empezamos la iglesia, pero Dios nos envió muchos miembros nuevos, algunos venían de muy lejos y otros eran de los alrededores. Él los levantó para que se convirtieran en buenos líderes y ministros. Desde el primer día que iniciamos la iglesia, Él nos llevó a orar por la obra misionera. Y me dio la visión de ir al extranjero para conducir las cruzadas, mostrando señales y prodigios milagrosos.

Me dio una gran visión. Aunque no teníamos sillas para sentarnos y el espacio de la habitación era de 84 m^2 (900 ft^2), oramos por la obra misionera desde el primer día. Los no creyentes podrían haberse reído de nosotros. Sin embargo, nuestros miembros aumentaron rápidamente con los que llegaban semana tras semana, y su fe también creció rápidamente.

Desde que comencé la iglesia, he estado al frente para difundir el evangelio, apoyando a otras iglesias nuevas que estaban en necesidad económica.

En la actualidad cientos de pastores y ministros están corriendo para salvar almas, y todos los miembros de la iglesia están orando para ser buenos obreros que pueden agradar a Dios. Para evangelizar a la nación entera, hemos construido santuarios locales en y alrededor de Seúl, y también iglesias filiales en otras provincias en nuestro país. Y hemos establecido muchas iglesias filiales en todo el mundo para difundir el evangelio tanto como podamos.

Afortunadamente, muchos ministros de Dios están creciendo espiritualmente, y los miembros están trabajando duro para el reino de Dios con los talentos que Él les ha dado. Creo que estos ministros de Dios y miembros serán cambiados espiritualmente para que desempeñen papeles más poderosos y significativos en la obra misionera. ¡Qué maravilloso será! Todos los días oré fervientemente por la visión que Dios me dio. Espero que se haga realidad tan pronto como sea posible.

Dios quiere que tengamos un futuro próspero y que guiemos a millones de personas a la salvación; que nos levantemos y brillemos para lograr Sus propósitos. Dios también quiere extender la Palabra en nombre del Señor y seguir realizando más milagros de los que Jesús hizo en este mundo.

Esperaba que Dios pudiera explicarme directamente los pasajes bíblicos difíciles de entender. Yo ayuné y oré con este tipo de esperanza durante siete años. Finalmente, Él respondió mis oraciones. ¡Cuán grande fue el gozo que sentí! Me explicó los pasajes difíciles. Ya he recibido revelaciones de Génesis, Éxodo, Levítico, Job, los cuatro Evangelios, 1 y 2 Corintios, Hebreos, 1 Juan, Apocalipsis y de otros importantes pasajes de la Escritura. Todavía estoy recibiendo revelaciones del resto de la Escritura. Solo la revelación del cielo cubre más de 100 páginas en los cuadernos universitarios. Estoy planeando publicarlo más adelante, en el momento adecuado. Los lectores, si aman a Dios, sentirán el Espíritu Santo en ellos saltando de alegría.

Dios todavía me insta a ejercitarme en la oración y a armarme con la Palabra para que pueda mostrar el poder de Dios. Realmente quiero visitar a cada miembro de la iglesia para tener comunión y mayor intimidad. Espero que todos los miembros comprendan por qué no puedo hacer eso.

Sé que el día final está cerca. Es por eso que uso mi tiempo en estos días con moderación tanto como sea posible. Aunque estoy haciendo todo lo posible por cumplir la voluntad de Dios, siento que aún falta hacer más.

Recuerdo que Dios me dijo: «Mi siervo amado, si alimentas

a tu rebaño con buen pasto, todos serán levantados en la hora final».

Así como Jesús vivió en este mundo, quiero vivir una vida santa para ser un buen pastor que guía a los desamparados a la salvación. Creo que para ser un buen pastor, debo ejercer todas mis habilidades para preparar los mensajes y realizar todos mis deberes pastorales. De esta manera Dios dirá que yo soy un buen pastor, que los miembros son un buen rebaño de ovejas, y que mi iglesia es una buena iglesia. Así que en la actualidad también me dedico a orar, predicar y utilizar el poder de Dios. Con mi devoción podría guiar a un gran número de personas a la salvación, y guiaré aún a más personas a partir de ahora para glorificar a Dios.

Después de conocer a Jesús, mi vida se hizo más valiosa, significativa y llena de gozo que la de antes. ¡Qué encantadora es mi vida ahora y está llena de esperanza! No puedo dejar de dar gracias a Dios.

Mi futuro

—¡Mi siervo amado, que he escogido desde antes del comienzo de los tiempos! Si te armas de la Palabra durante tres años, te permitiré cruzar ríos y mares para mostrar señales milagrosas y prodigios.

Dios nunca deja de cumplir lo que dice. Él guardó Su Palabra. Cuando terminé los tres años de estudiar la Palabra, Él me guió a realizar un avivamiento por primera vez. Después de esto, he realizado muchos avivamientos. A través de las reuniones de avivamiento me di cuenta de que es muy difícil ver la verdadera fe en la gente.

Podrás mostrar señales milagrosas y prodigios

Al principio me pregunté por qué Dios me eligió en estos últimos días para realizar la obra misionera mundial. Luego supe por qué. Hay muchos ministros que están predicando la Palabra. ¿Cuántos de ellos viven de acuerdo a la Palabra para que Dios los use para Sus propósitos?

Cuando Dios me llamó, yo no estaba calificado para ser Su siervo. Así que tuve que pasar noches enteras en oración y ayuno para recibir la ayuda de Dios. Yo creía firmemente que Él me ayudaría porque había experimentado el Omnipotente poder de Dios.

Yo era relativamente una persona mayor. Tenía mala memoria. Así que, sin la ayuda de Dios, no podía estudiar teología en la universidad ni realizar ningún trabajo pastoral. Por lo tanto, mis oraciones fueron profundamente fervorosas, desde el fondo de mi corazón. Con gratitud, Dios respondió mis oraciones como el fuego. No tenía que tratar de recordar algo en mi mente. El Espíritu Santo en mí me guió y me instruyó. Si Dios lo permitía, permanecía en mi corazón. Si no, me olvidaba de inmediato. Los acontecimientos de mi vida pasada fueron olvidados, pero la Palabra de Dios fue guardada en mi corazón. Recibí inspiración clara, no pensamientos humanos. Llegué a tener el poder de Dios, y recibí la revelación a través de una clara inspiración.

En la actualidad, casi he terminado de equiparme con la Palabra a través de revelaciones. Es hora de que brille, para que todo el mundo vea el poder de Dios.

Hay tantas personas que aprenden la Palabra de manera errónea. Mucha gente está vagando porque no sabe de la Palabra y la voluntad de Dios. Hay muchos que no viven según lo que Dios quiere que hagan porque desconocen de esto. Muchos creyentes tienen una fe muerta. Todos estos son como la paja. Dicen verbalmente: «Yo creo en Dios». Pero no creen en su corazón. Es por eso que irán al infierno.

Su aventador está en su mano, y limpiará su era; y recogerá su trigo en el granero, y quemará la paja en fuego que nunca se apagará (Mateo 3:12).

No saben lo terrible que es el infierno y cuán insondable

es el fuego del infierno. El Dios de amor, que ha esperado pacientemente que la paja cambie, me ha dado las palabras poderosas para predicarles. Como he mencionado antes, no solo les digo que crean en Jesucristo, sino les enseño por qué serán salvos si creen en Él. Les explico el mensaje de la cruz en términos fáciles de entender. Entonces llegan a tener fe para ser salvos, y crecen como el trigo, no como la paja.

Dios me habló de la segunda venida de Cristo y el rapto. Me dijo que estaba muy cerca. Me habló de dónde estaré en el cielo, qué tipo de recompensas recibiré y qué coronas llevaré.

A través de sus explicaciones llegué a saber qué vida gloriosa viviré en el cielo, así que decidí trabajar tan duro como me fuera posible, dando todo, incluso mi vida, para la salvación de las personas. Sé cómo murieron los discípulos de Jesús. Uno de ellos fue arrojado a una olla de aceite hirviendo, otro fue cortado a la mitad con una sierra, y otro colgado boca abajo en una cruz. Pero todos ellos estaban agradecidos por su muerte, alabaron a Dios y se regocijaron. Haré lo que sea necesario para extender el reino de Dios y salvar a la gente.

Mis tres misiones

La primera misión que Dios me asignó es la misión mundial. Cada día hago memoria de esto. Del modo que Dios nos ha guiado, hemos enviado misioneros a nivel nacional e internacional tanto como sea posible. Al mismo tiempo hemos establecido iglesias filiales para guiar a la gente a la salvación. También hemos difundido el evangelio en casa y en el extranjero por medio de la radio, la televisión, los periódicos, los videos y los libros.

Pensar en la misión mundial me hace muy feliz. Veo que lo que Dios nos dijo se hizo realidad, orando continuamente por la fe. Él me dijo: «Harás prodigios y señales milagrosas, cruzarás las montañas y los mares». Él está cumpliendo la obra misionera a través de la iglesia.

Mi segunda misión es cambiar al pueblo y convertirlo en trigo, y no en paja. Estoy convencido de que Dios ayudará a mis ovejas a no tener una fe muerta, sino a tener una fe viva como el trigo, viviendo por la Palabra y cumpliendo con sus deberes.

Mientras yo era un nuevo cristiano, nadie me explicó detalladamente cómo orar o cuál es el mensaje de la cruz. Así que no sabía qué camino seguir para encontrar la verdadera fe. Oré durante mucho tiempo para encontrar el camino más rápido hacia una fe profunda, y desde que lo encontré, he dado una explicación completa a mi congregación.

Por ejemplo: «Para orar, debes arrodillarte, abrir tu boca ampliamente para hablar en voz alta y clamar a Dios con todo tu corazón».

«El orden de la oración poderosa es orar primero con un corazón agradecido, arrepentirse y pedirle a Dios que eche fuera al diablo, y luego pedirle Sus propias necesidades. Si usted ora por Su reino y Su justicia primero y luego por sus necesidades personales, Dios contestará sus oraciones en abundancia».

«Por tanto, os digo que todo lo que pidiereis orando, creed que lo recibiréis, y os vendrá» (Marcos 11:24).

Enseñar sobre cómo orar es solo un tema. He enseñado a mi congregación paso a paso y con detalle para ayudarlos a vivir de acuerdo con la Palabra, porque es viva y poderosa para transformar en trigo a las personas que son paja. Hacer que las personas semejantes a la paja cambien al trigo es mi misión principal, por lo que hace mucho tiempo hice un plan detallado.

—Padre, quiero ser el siervo que coseche la mayor cosecha. No ha pasado mucho tiempo desde que me llamaste, pero por favor ayúdame a ser el líder cuya cosecha es la más grande.

Mi tercera misión es guiar a mi congregación como el grano fiel para prepararse como novias bellamente vestidas para el marido.

Los granos son los creyentes que renacen por el agua y el Espíritu Santo y viven por la Palabra de Dios. Normalmente, los nuevos cristianos se sienten incómodos por seguir la Palabra de Dios. Pero si se ejercitan para orar y seguir la Palabra tal como la oyen, pueden eventualmente ponerla en práctica con sus hechos. Entonces ellos pueden producir los frutos de la luz, la justicia y el Espíritu Santo. Cuando logran cultivar el amor, se llenan con la Palabra y las oraciones y están listos para la venida del Señor.

Velad, pues, porque no sabéis el día ni la hora en que el Hijo del Hombre ha de venir (Mateo 25:13).

Las cinco vírgenes prudentes tomaron aceite en jarras junto con sus lámparas. Las cinco insensatas, sin embargo, tomaron sus lámparas pero no tomaron suficiente aceite. Por esta razón, no pudieron encontrarse con el novio (Mateo 25:1-13).

No debemos ser insensatos, sino sabios que esperan que el Señor vuelva. Debemos ser los que se levantan y se encuentran con el Señor cuando Él desciende del cielo con un fuerte mandamiento, con la voz del arcángel y con el llamado de la trompeta de Dios. Los muertos en Cristo resucitarán primero, y entonces nosotros, los que vivimos y quedamos, seremos arrebatados juntamente con ellos en las nubes para encontrarnos con el Señor en el aire. Debemos completar a tiempo la preparación como la novia bellamente vestida para el marido.

¡Será de gran gozo cuando el Señor baje en el aire! ¿Qué tan felices seremos? Pondremos todas nuestras cargas mundanas y conoceremos a nuestro novio eterno, el Señor. ¡Qué maravilloso será! Sin embargo, si no despertamos, Él vendrá como un ladrón. Si no nos mantenemos alertas y practicando el dominio propio, Él no nos llevará cuando venga como un ladrón.

Nosotros, como el grano, dando buenos frutos y desempeñando nuestros roles como luz y sal en el mundo, estaremos despiertos cuando recibamos al Señor. Estaremos alegremente alabando cuando nos encontremos con nuestro novio, el Señor!

Ven, Señor Jesús (Apocalipsis 22:20).

Mirando hacia el futuro de aquel día, voy a trabajar cada vez más duro para llevar a más personas a la salvación con la visión de la obra misionera mundial. Mientras trabajo para la obra misionera en el mundo, las personas que escuchan los mensajes que predico se convertirán en grano, vivirán por la Palabra y orarán continuamente, para que estén despiertos y que tengan un encuentro con el Señor cuando Él vuelva. Creo que el día está muy cerca, justo enfrente de nosotros. Doy muchas gracias a

Dios por este gran gozo.

Podemos trabajar para Su reino y Su justicia mucho más que en otros tiempos porque sabemos que hemos nacido en los últimos días. Además, seremos levantados vivos en el aire. ¡Qué maravillosa es esta bendición!

Gracias por todo

Dios no es hombre, para que mienta, ni hijo de hombre para que se arrepienta. El dijo, ¿y no hará? Habló, ¿y no lo ejecutará? (Números 23:19)

Dios me ha bendecido tan plenamente como lo había prometido. Le doy todas las gracias a Él.

Dios le dijo a Simón hijo de Jonás, quien era un pescador, en Mateo 16:18-19: *«Y yo también te digo, que tú eres Pedro, y sobre esta roca edificaré mi iglesia; y las puertas del Hades no prevalecerán contra ella. Y a ti te daré las llaves del reino de los cielos; y todo lo que atares en la tierra será atado en los cielos; y todo lo que desatares en la tierra será desatado en los cielos».*

Dios me escogió, simplemente un hombre humilde, antes de que los tiempos comenzaran y me puso en este mundo durante los últimos días antes de que nuestro Señor vuelva. Él mostró Su poder milagroso en mi cuerpo, de modo que llegué a tener una fe fuerte desde el principio. ¡Cuán agradecido estoy por Su obra que es tan sabia! Reconocí Su sabiduría, aunque yo era demasiado ignorante para entender Su plan significativo.

Después de que Dios me dio la fe, Él ha respondido a todas mis oraciones, guiándome y dándome victoria y gozo a través de todas las pruebas y dificultades.

Agradezco a Dios por haberme guiado como Su siervo para llevar a cabo Sus grandes planes mediante Su poder. Me dio la visión de la obra misionera mundial y me envió muchos miembros. Él ha amado tanto a la congregación que los transformó en grano. Siento una profunda gratitud por Su amor.

Mi segunda hermana mayor me guio para obtener vida verdadera. Le debo mi vida ella. Yo era demasiado ignorante para saber que Dios está vivo, pero me consideraba bastante sabio, así que ignoré a mi hermana mayor. Ella nunca dejó de evangelizarme, y oraba sinceramente a Dios. Sin sus oraciones fervientes llenas de lágrimas y su ayuno durante largos días y noches por mi alma y cuerpo enfermo, no sería lo que soy ahora. Ella continuamente hablaba conmigo: «Hermano, una vez que vayas a la iglesia, Dios te sanará de todas tus enfermedades y tendrás un encuentro con Él». Creo que solo sus oraciones fieles me trajeron el milagro.

—¡Oh, Padre Dios! Tu bendición sobre mí está rebosando. ¿Dónde y qué habría estado haciendo si mi hermana no me hubiera ayudado a aceptar a Jesús? No puedo imaginar lo terrible que sería. Si yo hubiera ignorado el amor de Dios o no hubiera creído en el Señor, habría terminado en el infierno.

Mi hermana mayor ahora me sirve como su pastor, como si sirviera al Señor. Ella sigue orando por mí todo el tiempo. No puedo expresar la profunda gratitud que siento por ella. Doy gracias nuevamente a mi hermana mayor por haberme guiado a la salvación.

Aquí, me gustaría dar las gracias a mis familiares (mis padres, mis hermanos y mis parientes) y también a mis vecinos. Me ayudaron tanto como pudieron. Mis padres me criaron con amor y mis hermanos me amaron y me apoyaron de muchas maneras. Los miembros de mi familia me apoyaron cuando necesitaba comida, ropa y lugar para vivir. Mis vecinos me ayudaron a resolver mis problemas. Y mis amigos me ayudaron a conseguir un trabajo y a comenzar una nueva vida. Agradezco a cada una de estas personas. Debido a su amor y ayuda, pude sentir el amor y la voluntad de Dios para mí.

Agradezco al Reverendo Younghoon Yi, quien me aconsejó y me dio recomendaciones cuando comencé a vivir una nueva vida cambiada después de conocer a Dios. También agradezco a las familias cristianas que me condujeron desinteresadamente cuando yo era un principiante, pastores que me enseñaron en la escuela de teología después de que Dios me llamara, mis compañeros de clase que estudiaron junto conmigo, los estudiantes de último año y los jóvenes en la escuela de teología.

Asimismo, tengo una persona más a quien aprecio y debo agradecer. Ella ha estado conmigo compartiendo todo mi dolor y sufrimiento. Ella es mi esposa, Boknim Lee, quien ahora trabaja como Presidenta del Centro de Oración Manmin. Ella clama a Dios día y noche, todo el tiempo.
La felicidad de la esposa depende del marido. Desafortunadamente mi esposa tuvo que pasar siete años de sufrimiento mientras cuidaba de mí, su esposo que se enfermó justo después de casarnos. Ella tenía que trabajar para ganar dinero para nuestra familia. Solo puedo imaginar lo dolorosa

que era su vida, al tener que cuidar de la familia siendo una mujer joven. Sin embargo, a pesar de vivir en la pobreza, llegó a estar agradecida por todo después de conocer a Jesús. Ella agradeció y oró fervientemente por cualquier prueba que se produjo contra nosotros.

A menos que ella se ocupara de mí, sacrificando su vida, no podría haber estudiado para llegar a ser un siervo de Dios. Ella confió solamente en el Dios Todopoderoso con fe, y me ayudó en el camino. Aún ora por mí durante largas horas todos los días.

Agradezco sinceramente a mi esposa por su arduo trabajo, su resistencia y sus oraciones.

Siento una profunda gratitud por aquellos que estuvieron conmigo al comenzar nuestra iglesia. A veces los reprendo porque los amo tanto. Ellos están en mi corazón como mi «bien preciado», y obedecieron la voluntad de Dios para establecer nuestra Iglesia Central Manmin.

Así como Dios designó a Aarón y a Hur para ayudar a Moisés, Él me dio grandes miembros que oraron conmigo. Todos ellos se convirtieron en uno solo al orar con todo su corazón. De esta manera Dios respondió nuestras oraciones caso por caso con prontitud. Con frecuencia revelaba Su gloria para poder guiar a mucha gente a la salvación. Él nos dio un gran crecimiento y multiplicó los números en la congregación porque nuestra iglesia estaba firme sobre los cimientos.

Dios me envió a mucha gente, incluyendo fieles guerreros de oración, que me ayudarían a armarme con la revelación de Dios y a cultivar mi vaso pastoral para que sea lo suficientemente grande para que muchas almas más vengan y busquen descanso.

Él escogió a aquellos devotos guerreros de oración, siendo obedientes hasta el punto de morir, que orarían por Su reino y Su justicia con todas sus fuerzas, con todo su corazón, con toda su mente y con toda su alma.

Aquellos devotos guerreros de oración vienen a la iglesia y oran unánimes en espíritu todos los días. Se reúnen en la Casa de Oración a las 10 a.m. y oran por los enfermos físicos y mentales. Y después del almuerzo tienen otra reunión de oración.

—¿A dónde va tu mamá todos los días?
—Ella va a la iglesia.
—¿No van los cristianos a la iglesia solo los domingos?
—Mi iglesia celebra reuniones de oración todos los días. Es por eso que mi mamá va todos los días.
—Oh, tu iglesia sí lo hace...

Una maestra preguntó a su estudiante por qué su madre siempre salía, pues ella no podía entender por qué la madre de la niña iba a la iglesia todos los días.

Estos devotos guerreros de oración son soldados de la cruz que han conocido a Dios. Por lo tanto, para devolver Su amor se dedican a orar todos los días; por supuesto, sin recibir ningún pago. ¡Qué encantadores son! Agradezco a todos esos devotos guerreros de oración, que solo esperan las recompensas del cielo y trabajan para la iglesia con todas sus fuerzas.

No importa cuán arduo el pastor pueda trabajar, la obra milagrosa de Dios no aparece a menos que la congregación obedezca a su pastor.

Dios ha enviado muchas personas a la Iglesia Central

Manmin. Él escogió a cada uno de ellos de acuerdo a Su plan especial, así que a través de las pruebas Él los transforma en hombres y mujeres justos de Dios. La mayoría de los ancianos, diaconisas y otros miembros aman tanto a Dios que luchan contra los pecados hasta el punto de derramar sangre para vivir por Su Palabra. Ellos creen en el Dios Todopoderoso, así que viven por fe, trabajando duro, con todas sus fuerzas, y me obedecen hasta el punto de entregar su vida.

Es muy raro ver a creyentes que posean fe verdadera. La congregación, sin embargo, está viviendo por la fe, se regocijan por la esperanza y se aman unos a otros. Amo y agradezco a toda mi congregación, especialmente a los líderes que oran más de tres horas al día por nuestra iglesia.

Por último, quisiera dar las gracias a los pastores y ministros de la iglesia. Están trabajando conmigo para levantar tantos miembros fieles como sea posible, oran continuamente y sirven con devoción. Ellos están trabajando cada vez más duro para cumplir las misiones que Dios ha dado en mi nombre, donde no puedo ir y trabajar. Realmente aprecio su devoción y servicio.

Mi familia de la iglesia y yo tenemos esperanza por el reino celestial. Ahora no vemos con claridad las recompensas que recibiremos en el cielo, pero seguiremos marchando hacia el día en el que recibiremos el inmenso amor de Dios en el bello reino de los cielos, nuestra tierra natal original.

Capítulo 7

Mi amado

Toda la gloria es para Dios

Por Su voluntad

La vida eterna en el cielo

Toda la gloria es para Dios

El 31 de diciembre de 1984 realizamos la primera vigilia de adoración en nuestro nuevo santuario. Ese servicio de fin de año terminó en la madrugada del 1 de enero de 1985. Todos los asistentes estaban muy contentos de dar la bienvenida al nuevo año en el nuevo gran santuario. Debido al rápido crecimiento, nuestra iglesia no tenía más espacio para que los nuevos asistentes se sentaran. Así que Dios nos bendijo para mudarnos a un lugar más espacioso. ¡Cuán maravillosa es Su bendición! Para nosotros, entrar en un nuevo santuario fue similar a cuando los israelitas escaparon de Egipto bajo la mano de Moisés, sufrieron en el desierto durante 40 años y finalmente ingresaron a la tierra de Canaán.

Dios nos permitió ingresar a un nuevo santuario

El número de miembros en la iglesia estaban aumentando rápidamente. Así que oramos por un lugar de más de 325 m^2 (3.500 ft^2). Encontramos un lugar, que era bastante antiguo pero espacioso. Sin embargo, no pudimos firmar el contrato. El propietario nos dijo que demolería el edificio y construiría uno nuevo. Tuvimos que tratar de encontrar un lugar diferente, pero no había ningún edificio más grande de 325 m^2 (3.500 ft^2) en la zona de Daebang-dong.

Seguimos orando por el nuevo santuario hasta que encontramos un terreno lo suficientemente grande para un edificio temporal. El dueño nos permitió comenzar la construcción de un edificio temporal. El personal del gobierno local, sin embargo, vino y derribó el edificio que estábamos construyendo, porque nuestra construcción estaba quebrantando las nuevas regulaciones.

Debido a esto, algunos miembros, aunque confiaron en mí, se quejaron. «Dios nos ha guiado con la columna de nube y la columna de fuego hasta este momento. ¿Por qué nos permitió construir un edificio ilegal y luego dejó que lo derribaran?».

Oré a Dios sinceramente.

—Padre, yo sé que Tú haces que todas las cosas obren para bien. Te doy gracias por Tu plan especial para conducirnos hasta aquí. Te agradezco por mi congregación que también te agradece. Padre, hay algunos miembros que se quejan. ¿Por qué nos has puesto en este sufrimiento? Por favor, permítele a Tu siervo conocer claramente Tu plan para que yo pueda hacer que toda mi congregación lo entienda y te agradezca, pueda creer en ti y obedecerte. Por favor, bendícenos para mudarnos a un edificio más grande donde podamos guiar a muchas más personas hacia la salvación, y poder cumplir también la obra misionera mundial.

Dios escuchó mi oración fervorosa, y me habló sobre Su plan para conducirnos. Le expliqué este plan a mi congregación.

«Amada congregación. En Hebreos 11:1, Dios nos dice: *"Es, pues, la fe la certeza de lo que se espera, la convicción de lo que no se ve"*. Asimismo, en Santiago 1:2-4, nos dice:

"Hermanos míos, tened por sumo gozo cuando os halléis en diversas pruebas, sabiendo que la prueba de vuestra fe produce paciencia. Mas tenga la paciencia su obra completa, para que seáis perfectos y cabales, sin que os falte cosa alguna".

¿Se regocijan ustedes cuando se encuentra en pruebas? En 1 Tesalonicenses 5:16-18 leemos: *"Estad siempre gozosos. Orad sin cesar. Dad gracias en todo, porque esta es la voluntad de Dios para con vosotros en Cristo Jesús".* ¿Han vivido por la voluntad de Dios? Por favor, entiendan que Dios nos permite enfrentar la prueba de nuestra fe para desarrollar nuestra perseverancia completamente.

Los israelitas experimentaron muchas obras milagrosas de Dios, pero se quejaron contra Él por sus inconvenientes en el desierto. Es porque no sabían ni confiaban en que Dios quería llevarlos a Canaán, una tierra donde fluye leche y miel. ¿Cómo lo hicimos? ¿No somos como ellos?

Creo que Dios nos dará un gran santuario así como Él dio a los israelitas la tierra de Canaán. Vamos a superar esta prueba de nuestra fe con perseverancia, alegría y gracias, ¡para que podamos ir a nuestra tierra de Canaán!».

Todos los miembros soportaron las pruebas y obedientemente me siguieron como si se dirigieran hacia la tierra de Canaán. Sin saberlo, la fe de muchos miembros, incluido el Presidente del Comité de Construcción, fue creciendo durante esos meses cuando se enfrentaron a la prueba de la fe.

¿Cómo, pues, Dios preparó la tierra de Canaán para nosotros? Fue algo realmente increíble. El primer lugar que

Dios nos dio fue el terreno sobre el cual el dueño planeaba construir un nuevo edificio. Es por eso que no podíamos alquilar o mudarnos. Pero, un poco más tarde, Dios hizo que el dueño construyera un edificio allí y nos bendijo para que nos mudáramos a ese lugar. ¡Aleluya!

Tomó 40 años para que los israelitas entraran en la tierra de Canaán, la cual ellos podrían haber alcanzado en tres días. Igualmente, tuvimos que permanecer en el desierto por un tiempo hasta que nos mudamos al lugar que Dios nos había dado primero.

Nuestra estancia en el desierto fortaleció la fe de los líderes y otros miembros para que llegaran a obedecer y confiar en mí mientras recibía revelación de Dios, lo que causa que todo obre para bien. Se dieron cuenta de que Dios nunca deja de cumplir lo que ha dicho a través de mí. Nada podría llenarnos de mayor gratitud que esto.

El servicio de adoración conmemorativo para trasladarnos al nuevo santuario fue realmente impresionante, como una hermosa fiesta en la que reconocíamos la gracia, el amor y el poder de Dios. Toda la zona de nuestro nuevo santuario estaba llena de gozo.

¡Mi amado siervo!

Quería ser el siervo amado por Dios y quien busca agradarle.

Dios nos dio la victoria sobre la persecución que recibimos al comenzar nuestra iglesia. Nos envió muchas almas para ser salvas. Él nos bendijo para darnos cuenta claramente que podíamos entrar en un nuevo santuario por Su providencia. Él obró en toda la congregación para que ellos llegaran a confiar y a obedecerme como su pastor. Él extenderá Su reino a través de nuestra Iglesia Manmin Joong-ang como el arca de salvación para muchos recién convertidos. Él quiere que yo difunda y enseñe el evangelio celestial, que sane toda clase de enfermedad y dolencia, y que tome mi cruz para las personas como lo hizo Jesús.

Me decidí firmemente a hacerlo. Dios tiene confianza en mí. Por ello debo convertirme en el siervo que busca agradarle a Él cada día más.

Me gusta mucho el versículo de Proverbios 8:17, que dice: *«Yo amo a los que me aman, y me hallan los que temprano me buscan».*

Yo he amado a Dios. He intentado con todo mi corazón vivir según la Palabra, porque los que aman a Dios guardan lo que Él manda. Como resultado, he recibido abundantes bendiciones y amor de Dios.

Me gusta el capítulo 11 de Hebreos. Especialmente, el versículo 6, que es mi favorito. *«Pero sin fe es imposible agradar a Dios; porque es necesario que el que se acerca a Dios crea que le hay, y que es galardonador de los que le buscan».*

Ruego y presento todo a Dios, no confiando en ninguna persona, porque creo que el Dios Todopoderoso existe. He cumplido mi deber pastoral con todas mis fuerzas, porque creo que Dios prepara el cielo y Él recompensa a aquellos que practican Su Palabra.

Anhelo que toda mi congregación pueda amar a Dios y guardar Sus mandamientos para que Él los ame. Debemos creer que Dios existe y que Él recompensa a aquellos que lo buscan seriamente.

Deseo que toda la congregación ore continuamente, que hagan todo lo posible para cumplir sus deberes y que vivan con la esperanza de las recompensas en el cielo.

Toda la gloria es para Dios

Doy toda la gloria y gracias a Dios que ha controlado todo por nosotros.

Si he sido reconocido como un buen pastor por Dios, es por mis frutos, mi persona, completamente regenerado, así como la Iglesia Central Manmin con toda la congregación que el Señor ha reunido a través de mí. Sé lo preciosa que es la congregación.

Dios me ha amado tanto. He enseñado a la congregación cómo pueden recibir el amor de Dios. Ellos han obedecido mis instrucciones con todo su corazón para que porten hermosos y abundantes frutos.

Después de comenzar nuestra iglesia, tuvimos un incidente muy maravilloso. Mis tres hijas y un miembro adulto joven estuvieron al borde de la muerte por envenenamiento con gas, pero todos revivieron justo después de imponer mis manos sobre ellos en oración. Al ser testigos de esto, los miembros de la iglesia llegaron a creer en la declaración que se encuentra en Marcos 9:23: *«Si puedes creer, al que cree todo le es posible»*. Desde entonces, muchos miembros más fueron sanados y dieron gloria a Dios más que antes.

Un domingo por la noche, una diaconisa y un taxista se apresuraron a llevar una niña hasta donde yo estaba. La diaconisa me dijo que su hija de 5 años y ella estaban de camino a casa después de terminar el servicio de la tarde. Mientras cruzaban la calle justo enfrente de su edificio de apartamentos, un taxi desde la dirección opuesta las atropelló y golpeó a su hija. Hizo que la niña volara de 7 a 8 metros en el aire, cayera al suelo y perdiera su conciencia. Este accidente dejó atónita a la diaconisa, pero le dijo al taxista que conducía al hospital, que fuera a la Iglesia Central Manmin ubicada en Daebang-dong.

—¿Me está diciendo que lleve a esta niña inconsciente a una iglesia? ¡Ella morirá! ¡No puedo hacer eso!

—No se preocupe. Si recibe la oración de mi pastor, recuperará su conciencia de inmediato. Por favor, dese prisa a Daebang-dong.

—No es mi culpa si ella muere. Usted debe asumir la responsabilidad.

El taxista no podía entenderlo. Fue obligado por ella a traer a su hija donde mí. El conductor parecía muy asustado, pero la diaconisa estaba calmaba debido a su fe. Pude ver qué tan fuerte era su fe. Entonces oré sinceramente por su hija:

«¡Dios padre! Levantas a los muertos. Tú dijiste: "Todo es posible para el que cree". Esta vez, por favor, escucha a Tu siervo, mira la fe de la diaconisa y salva a su hija. ¡Por favor, magnifica Tu nombre a través de esta niña que agoniza!».

En cuanto terminé mi ferviente oración por ella, su cuerpo comenzó a mostrar signos vitales y el calor de la vida. Le dije al conductor, que seguía temblando por el miedo, que ya no se preocupara más. Le dije que llevara a la niña al hospital para asegurarse de que estaba bien.

Poco tiempo después, oímos sobre la niña: «Recuperó la conciencia en el taxi en el camino hacia el hospital, y la doctora dijo que su radiografía no mostraba ningún problema en ella». Toda mi congregación dio gloria a Dios, y ellos ganaron la seguridad de que si oramos a Dios con fe, Él resucitará a los muertos.

De esta manera, Dios ha mostrado muchos milagros a la congregación a través de mí, su pastor, para que su fe crezca al ver y oír estos milagros, y además han llegado a vivir de acuerdo a la Palabra. ¡Aleluya!

A través del Centro de Oración Manmin, Dios ha sanado a muchas personas que estaban mental o físicamente enfermas y ha entrenado a los asistentes a orar por Su reino y Su justicia día y noche.

Además, se organizaron grupos de misiones. Todas las unidades de cada grupo a menudo se reúnen para orar y evangelizar a los no creyentes. Llegaron a estar unánimes en el amor, guiando a mucha gente a la salvación. Doy todas las gracias y gloria a Dios, que ha levantado a la congregación hasta el día de hoy.

Permítanme mencionar las organizaciones en la iglesia y los grupos misioneros.

El Preescolar Manmin y la Escuela Dominical de Niños

cuidan a los niños pequeños y estudiantes de escuela primaria. Los estudiantes de la escuela dominical se encargan de evangelizar a los estudiantes de secundaria y a las familias no creyentes. Ellos estudian mucho para glorificar a Dios en su posición como estudiantes. Los miembros de la Misión Universitaria están haciendo todo lo posible para difundir el evangelio por todo el campus universitario. La Misión de Jóvenes Adultos y la Misión Canaán que están organizadas con graduados universitarios no casados, están trabajando para evangelizar en los lugares de trabajo y la obra misionera mundial. Ellos desarrollan sus habilidades y talentos, para guiar a la gente a la salvación y que puedan glorificar a Dios.

El negocio de distribución y los obreros del negocio del comedor organizaron la Misión Luz y Sal. Esta misión está organizada en la mayoría de los grandes almacenes y restaurantes de Seúl. En la actualidad están extendiendo su misión para cubrir toda la nación.

Los miembros de la Misión de Hombres Casados y la Misión de Mujeres Casadas cumplen plenamente sus deberes en casa y en el trabajo. Ellos juegan papeles importantes como pilares en Su reino, sirviendo a la iglesia con todas sus fuerzas y dirigiendo los grupos de misión en el país e internacionalmente. ¡Cuán benditos y agradecidos son!

Además, doy la gloria a Dios por los ministros de Dios que están cuidando bien a los miembros con amor. Dios los está llevando a estar adelante para guiar a muchas almas y para cumplir la obra misionera.

—Padre, Tú has conducido a la congregación (niños,

estudiantes, jóvenes adultos, hombres y mujeres casados), pastores y ministros a estar unánimes en un solo corazón, a vivir por Tu voluntad y a completar todas las responsabilidades que Tú les has dado.

¡Te doy gracias y toda la gloria! Por favor engrandece Tu nombre por medio de Tus hijos y Tus siervos día tras día, todo el tiempo, hasta que venga el Señor.

Por Su voluntad

He servido para seguir la voluntad de Dios que estima a una alma como más preciosa que todas las naciones. Le di todas las gracias y gloria a Dios que envió muchas almas para ser salvas y levantadas para convertirse en obreros fieles.

Un día mientras yo estaba recibiendo revelación de Dios, Él me habló sobre mis recompensas en el cielo con gran detalle. Yo me sentía asombrado y a la vez avergonzado, porque Sus recompensas para mí eran mucho mayores que cualquier cosa que hubiera hecho por Él. ¿Cómo debo darle gracias por Su amor? No pude evitar clamar de pura gratitud.

Solo por Su voluntad

Dios quiso que yo siguiera solo Su voluntad. Él me dijo que pusiera mi esperanza en el cielo y salvara muchas almas para que puedan cosechar las recompensas celestiales y la gloria venidera, sin importar lo difícil que pueda sufrir por las pruebas.

Dios fue tan amable y misericordioso. Él me permitió oír de mi aparición en el cielo a través de los miembros de la iglesia que habían recibido a menudo la inspiración clara de Dios.

«Reverendo, en visión lo vi morando en el cielo. Estaba con los miembros de nuestra iglesia, llevando una corona y atuendos especiales semejantes a una larga bata. Su corona relucía de manera hermosa».

Yo sabía qué recompensas recibiría en el cielo, así que me comprometí cautelosamente a vivir una vida justa por la voluntad de Dios.

> *El que ama a padre o madre más que a mí, no es digno de mí; el que ama a hijo o hija más que a mí, no es digno de mí; y el que no toma su cruz y sigue en pos de mí, no es digno de mí. El que halla su vida, la perderá; y el que pierde su vida por causa de mí, la hallará* (Mateo 10:37-39).

> *Entonces respondiendo Pedro, le dijo: He aquí, nosotros lo hemos dejado todo, y te hemos seguido; ¿qué, pues, tendremos? Y Jesús les dijo: De cierto os digo que en la regeneración, cuando el Hijo del Hombre se siente en el trono de su gloria, vosotros que me habéis seguido también os sentaréis sobre doce tronos, para juzgar a las doce tribus de Israel. Y cualquiera que haya dejado casas, o hermanos, o hermanas, o padre, o madre, o mujer, o hijos, o tierras, por mi nombre, recibirá cien veces más, y heredará la vida eterna* (Mateo 19:27-29).

> *Porque todo aquel que hace la voluntad de mi Padre que está en los cielos, ése es mi hermano, y hermana, y madre* (Mateo 12:50).

Dios quiere que lo amemos, vivamos por Su voluntad y lo glorifiquemos guiando a muchas almas a la salvación, para que podamos recibir Sus recompensas en el cielo. Porque Él nos compró con la sangre de Jesús en la cruz, debemos vivir nuestras vidas por la voluntad de Dios como Sus hijos, retornando la gracia que recibimos.

Entonces, ¿cuál es la voluntad de Dios? Así como el hombre dispersa semillas en los campos para cosechar cultivos en otoño, Dios plantó a la humanidad en este mundo. Con Dios un día es como mil años, y mil años son como un día. Como Él creó todas las criaturas en el universo durante seis días y descansó en el séptimo día, Él cultiva a la humanidad en este mundo por 6.000 años y permite a los creyentes descansar en Su reino por 1.000 años. Y por medio del juicio final separará el trigo de la paja, es decir, reunirá a los justos en el cielo, que resplandecerán como el sol, y lanzará al impío en el horno ardiente.

¿Por qué Dios cultiva a la humanidad durante 6.000 años? Desde que Dios creó al hombre, este le obedeció y vivió incontables largos años en el Huerto del Edén. Adán y Eva, sin embargo, desobedecieron a Dios y fueron expulsados del Huerto del Edén. Desde entonces, su espíritu murió, por lo que se convirtieron en hombres de carne, viviendo por su propia voluntad, no por la voluntad de Dios.

Durante los siguientes 2.000 años, Dios vio cómo se incrementó la gran maldad del hombre en la Tierra, y que toda inclinación de los pensamientos de su corazón era solo hacia el mal, todo el tiempo. Así que Dios destruyó a toda la humanidad, excepto a Noé y su familia, porque Noé era un hombre justo, irreprensible entre el pueblo de su tiempo. Después de

Noé, Abraham nació y finalmente los doce hijos de Jacob establecieron a Israel. Dios levantó a los israelitas por otros 2.000 años dejándoles conocer Su voluntad a través de los profetas. Él disciplinó a los israelitas para saber que Él es el legislador y el juez, reinando sobre todos ellos.

Por la providencia de Dios, Jesús vino a nosotros para que podamos ser justificados por la fe. Han transcurrido 2.000 años de historia humana desde que Jesús vino a este mundo. En Hechos 1:11b, leemos: «*... este mismo Jesús, que ha sido tomado de vosotros al cielo, así vendrá como le habéis visto ir al cielo*». Debemos prepararnos para la segunda venida de Cristo.

Dios posee atributos humanos y atributos divinos. Él quiere que seamos Sus verdaderos hijos que puedan intercambiar amor con Él. Debemos tener en cuenta que Dios ha esperado por miles de años para obtener el grano, Sus verdaderos hijos.

¿Cómo podemos ser los verdaderos hijos?

¿Qué debemos hacer para ser Sus verdaderos hijos que viven según Su voluntad?

Primero, debemos despojarnos de nuestra maldad y vivir vidas santas con el fin de ser hombres de espíritu.

Si aceptamos a Jesucristo, somos hechos rectos al creer en nuestro corazón y somos salvos al confesar con nuestra boca. Así que nuestro espíritu desea vivir por la voluntad de Dios como quiere el Espíritu, y no por la lujuria carnal como lo quiere la naturaleza pecadora.

Si escuchamos y leemos la Palabra, el Espíritu nos ayuda a vivir por la voluntad de Dios como lo quiere el Espíritu. Así nos convertimos en hombres de espíritu que viven vidas santas. Los hombres de espíritu siempre se regocijan, oran continuamente y dan gracias en todas las circunstancias.

En segundo lugar, debemos trabajar duro y cumplir nuestros deberes para recibir nuestras recompensas en el cielo.

Dios extiende Su reino a través de nosotros, Sus obreros. Tenemos que cumplir nuestros propios deberes como miembros de la familia, como estudiantes, como empleados y como miembros de la iglesia. Debemos completar todas estas responsabilidades para recibir nuestra recompensa completa en el cielo.

En tercer lugar, debemos agradar y glorificar a Dios.

Él quiere recibir gloria a través de nosotros y quiere que sirvamos a la comunidad como luz y sal para que otros puedan llegar a creer en Dios a través de nuestros personajes. También quiere que seamos un grano de trigo que cae al suelo y muere, pero produce muchas semillas. Quiere que disfrutemos de buena salud. Él quiere que todo nos vaya bien, así como nuestra alma prospera, para glorificar a Dios.

Abandoné mis pensamientos

Si se desea vivir de acuerdo a la voluntad de Dios, primero hay que abandonar los pensamientos derivados de la naturaleza pecaminosa. Puede preguntarse cómo podrá deshacerse de los pensamientos carnales, pero es fácil.

He llevado mi vida solo según la Palabra de Dios, la verdad. Jesús vivió de igual manera, y también lo hizo el apóstol Pablo. Si creemos en Dios, podremos vivir fácilmente según la verdad.

¿Cómo podemos abandonar nuestros pensamientos carnales?

Si derribamos argumentos y toda pretensión que se levanta contra el conocimiento de Dios, y tomamos cautivo todo pensamiento para hacerlo obediente a Cristo, nuestros pensamientos carnales desaparecen para que lleguemos a obedecer tal como lo desea el Espíritu Santo. En otras palabras, aunque usted sea sabio, educado y experimentado, si descubre algo que va en contra de la verdad, debe abandonarlo. Entonces podrá dirigirse tal como la verdad lo conduzca. Si se arma con la verdad y practica lo que dice, podrá oír claramente la voz del Espíritu Santo. Aunque pueda encontrar incidentes inesperados, no tratará de resolverlos con sus propios conocimientos o pensamientos, sino que los resolverá como el Espíritu Santo le hable a su corazón.

Jesús siguió la voluntad de Dios de tener que morir en la cruz. Él era absolutamente inocente, pero fue crucificado solo por la voluntad de Dios.

> *Y decía: ¡Abba, Padre! Para ti todas las cosas son posibles; aparta de mí esta copa, pero no sea lo que yo quiero, sino lo que tú quieras* (Marcos 14:36, LBLA).

Pablo el apóstol, cinco veces recibió de los judíos cuarenta azotes menos uno. Tres veces fue golpeado con varas, una vez apedreado, tres veces naufragó, pasó una noche y un día en alta mar, y estuvo en peligro varias veces durante sus viajes ministeriales. Él sabía que Dios lo escogió para cumplir Su voluntad, difundiendo el evangelio a los gentiles, a sus reyes y a los descendientes de los israelitas.

Nuestros sufrimientos actuales no son dignos de compararse con la gloria que será revelada en nosotros

Dios ha preparado la gloria para que Jesucristo se siente a Su diestra, y para el apóstol Pablo, para recibir la corona de justicia y la recompensa en el cielo.

Dios me animó al revelarme las recompensas que me serán entregadas en el cielo. Tengo esperanza para el reino celestial, así que me he despojado de toda clase de maldad para vivir una vida santa, cumplir la obra misionera mundial y poder equiparme totalmente con la Palabra. Voy a realizar señales milagrosas y prodigios dondequiera que vaya, cruzando las montañas, las colinas y los mares, para guiar a las almas moribundas a la salvación, para que la paja se convierta en el trigo, y para dar toda la gloria a Dios.

No debemos ser aquellos que solo claman «Señor, Señor», sino también aquellos que cumplen la voluntad de Dios, para que podamos entrar en el hermoso y eterno reino de los cielos. Espero que mi congregación eche fuera todo tipo de maldad para vivir una vida santa, y que realice todas las buenas obras para glorificar a Dios.

Yo quiero vivir como Jesús, por eso abandoné mi propia voluntad para guardar la Palabra, y no amo a mi esposa, a mis hijas, a mí mismo ni a mis pertenencias más de lo que amo a Dios. Debido a esto, Él me ha llamado como Su siervo para cumplir con la obra misionera del mundo y ser bendecido con grandes recompensas en el cielo.

Me siento muy feliz de que yo, como el pastor que guía un rebaño muy grande, pueda completar todas mis asignaciones y entrar en el eterno reino de los cielos.

La vida eterna en el cielo

Al igual que Juan el apóstol se comunicó con Dios en la isla de Patmos, solía estar en un lugar aislado para recibir revelación de Dios. Un río limpio fluía pacíficamente frente a la casa donde yo estaba. Detrás de la casa había una montaña densamente arbolada. Varios cultivos crecían en el campo abierto. Esa zona era tan poco frecuentada que la belleza natural estaba bien preservada. Cuando crucé el río en bote, la brisa me tocó de manera refrescante, y los pájaros volaron alegremente en el cielo azul como si me saludaran. El suelo era muy suave como la arena fina, y los guijarros que rodaban a lo largo de la orilla del río eran hermosos.

Dios hizo que me quedara un momento en ese lugar leyendo la Biblia y orando. Estaba muy lejos de Seúl, así que tuve que pasar muchas horas para llegar allí. Pero valió la pena. Allí disfruté de la frescura que no podía sentir en Seúl, y a veces me hacía imaginar el cielo.

Dios me reveló el reino celestial

Fue en mayo de 1984, unos días antes de mi cumpleaños. Por lo general, bajaba de la montaña el viernes para prepararme para el servicio de la vigilia entera del viernes y los servicios dominicales. Sin embargo, Dios me dijo que no bajara sino que ayunara porque Él me hablaría del reino celestial.

De repente la puerta del cielo se abrió delante de mis ojos y Dios comenzó a hablarme. Me reveló muchas cosas durante toda la semana, desde el lunes. Yo estaba feliz, más de lo que las palabras pueden expresar. Le di todas las gracias y gloria a Dios por Su amor.

Creo que Él quería que yo supiera que recibir el regalo de Dios a través del ayuno y la oración era mucho mejor para Su reino y para mí que obtener el placer terrenal de mi fiesta de cumpleaños.

Me dijo muchas parábolas sobre el cielo:

—El reino de los cielos es semejante al que siembra buena semilla en su campo, y a una red que se arroja en el lago para atrapar todo tipo de peces.

Esta parábola significa que los ángeles vienen al fin del mundo para guiar a los justos al cielo y lanzar a los impíos al horno de fuego del infierno.

No hay un hombre justo en la Tierra. Así que debemos creer en Jesucristo, que es el camino, la verdad y la vida, para ser justificados, entrar y vivir en el cielo, donde hay gozo eterno y paz. Por el contrario, los que no creen en Jesucristo son malos, por lo que son arrojados al castigo eterno en el infierno, donde los gusanos no mueren, y el fuego no se apaga.

El Juicio del Gran Trono Blanco separará a los creyentes de los no creyentes: los creyentes a la vida eterna, pero los no creyentes a castigo eterno. Este es el final de 7.000 años de historia, incluyendo 6.000 años del cultivo del hombre sobre la Tierra y 1.000 años de vida en la Tierra renovada. Luego de esto viene la vida eterna.

Muchos lugares para vivir en el reino celestial

No se turbe vuestro corazón; creéis en Dios, creed también en mí. En la casa de mi Padre muchas moradas hay; si así no fuera, yo os lo hubiera dicho; voy, pues, a preparar lugar para vosotros. Y si me fuere y os preparare lugar, vendré otra vez, y os tomaré a mí mismo, para que donde yo estoy, vosotros también estéis (Juan 14:1-3).

Entendemos que hemos nacido no por nuestra propia voluntad, sino por la voluntad de otra persona. Él es Dios. Debemos considerar que Dios determina dónde permanecerá cada uno de nosotros eternamente de acuerdo a cómo hemos seguido Su voluntad.

Dios es justo. Él nos deja cosechar lo que sembramos. Si sembramos la fe, Él nos permite cosechar el cielo. Si no sembramos la fe, Él nos deja cosechar el infierno. Y Él nos da los lugares de morada y las recompensas en el cielo de acuerdo a cuán obedientemente hemos vivido por Su voluntad. Él no recompensa a todos por igual con la misma cosa.

En la Biblia leemos que hay muchas moradas en el cielo. En 2 Corintios 12:2 se habla sobre el «tercer cielo». Deuteronomio 10:14 habla de «los cielos de los cielos». En Salmos 148:4 también se mencionan «los cielos de los cielos». En 1 Reyes 8:27 y Nehemías 9:6 se nos cuenta acerca de «los cielos, y los cielos de los cielos». La Biblia menciona repetidamente diferentes aspectos del cielo, que hay muchos niveles en el cielo, más que uno en la casa de nuestro Padre.

Dios me habló a través del Espíritu Santo mientras estaba leyendo la Biblia con la esperanza de que yo pudiera entender claramente Su voluntad en «los cielos». A partir de ahora describiré los cielos basado en la revelación que Dios me ha dado: El Paraíso, el primer Reino, el segundo Reino, el tercer Reino y la Nueva Jerusalén.

En Romanos 12:3, leemos: *«Digo, pues, por la gracia que me es dada, a cada cual que está entre vosotros, que no tenga más alto concepto de sí que el que debe tener, sino que piense de sí con cordura, conforme a la medida de fe que Dios repartió a cada uno»*. Si no hubiera diferencia en la medida de la fe, nadie se esforzaría por tener una mayor fe. Es fácil encontrar que la medida de la fe es crítica. Por un lado, Jesús reprendió a Sus discípulos en Marcos 4:40: *«Y les dijo: ¿Por qué estáis así amedrentados? ¿Cómo no tenéis fe?»*. Por otro lado, elogió a un centurión romano por su gran fe en Mateo 8:10 donde leemos: *«Al oírlo Jesús, se maravilló, y dijo a los que le seguían: De cierto os digo, que ni aun en Israel he hallado tanta fe»*. Llegué a comprender que cada uno difiere en su propia medida de fe, y así, el lugar en el que cada uno mora en el cielo está determinado de acuerdo con su medida de fe.

Permítanme describir estos lugares y las recompensas dadas en el cielo, de acuerdo con la medida de la fe desde el más pequeño hasta el más grande.

El criminal crucificado que se arrepintió de sus pecados cuando Jesús estaba siendo crucificado, simplemente aceptó a Jesucristo. No había luchado con el pecado y no había vivido según la Palabra. No tenía hechos para demostrar su fe como evidencia de practicar la Palabra, pero solo se arrepintió y aceptó a Jesucristo. Así que le dieron el Paraíso para vivir.

El siguiente paso de la fe es el de aquellos que tratan de vivir de acuerdo con la Palabra que oyen, pero no pueden practicar todo lo que oyen. El primer reino es dado para que vivan adentro. Recibirán una corona que dura para siempre porque han luchado para despojarse de sus pecados (1 Corintios 9:25).

El siguiente paso de la fe es el de aquellos que viven por la Palabra, luchan contra sus pecados y glorifican a Dios. A ellos se les da el segundo Reino. Estas personas recibirán la corona de gloria que nunca se desvanecerá porque se han despojado de sus pecados (1 Pedro 5:4).

El siguiente paso de la fe es de aquellos que viven completamente por la Palabra y aman a Dios con su corazón. Ellos reciben el tercer reino. Recibirán la corona de la vida porque han sido fieles hasta el punto de morir (Santiago 1:12, Apocalipsis 2:10).

El nivel más alto de fe es el de aquellos que aman a Dios con todo su corazón para agradarle. A ellos se les da la Nueva Jerusalén. Recibirán la corona de justicia (2 Timoteo 4:8) o la corona de oro (Apocalipsis 4:4) porque llegaron a ser santos y completaron todas las obras que les fueron asignadas.

Del mismo modo, Dios nos da un lugar para vivir y la recompensa en el cielo de acuerdo con nuestra medida de fe. Así que debemos trabajar duro, vivir una vida santa de acuerdo a Su voluntad, para avanzar hacia el mejor reino celestial.

Las diferencias entre los cielos son muy significativas. Aquí en Corea, podemos diferenciar las condiciones de vida entre la ciudad capital de Seúl, otras ciudades provinciales, el país entre la capital Seúl y otras ciudades provinciales, pueblos rurales e islas. Sabemos por qué tanta gente quiere venir a Seúl. Por la misma razón, estamos tratando de avanzar a la Nueva Jerusalén, porque sabemos que los lugares en el cielo difieren.

Digamos que un hombre que reside en la Nueva Jerusalén está visitando el segundo Reino. La gente en el segundo Reino no puede mirar a quien vino desde la Nueva Jerusalén porque su luz es demasiado brillante para ellos. Así que se arrodillan para mostrar su respeto como la gente común cuando su rey pasa. Las glorias de cada cielo son completamente diferentes. En contraposición, la gente en el segundo Reino no puede entrar en la Nueva Jerusalén porque su luz es diferente de la del pueblo en la Nueva Jerusalén y porque los ángeles están custodiando las puertas.

Ahora usted sabe sobre de la vida eterna en el cielo. ¿En qué reino quiere vivir? Esto será determinado por cuánto ha obedecido la voluntad de Dios.

Las casas también difieren según el reino de los cielos en el que se vive. En el Paraíso no se da ninguna casa individual porque no han practicado la Palabra en su vida. Por el contrario, las casas se construyen casi completamente de oro y piedras preciosas para los creyentes que han obedecido la Palabra con hechos.

El cielo pertenece al mundo que llamamos «la cuarta dimensión», que se eleva sobre el tiempo y el espacio. Podemos imaginar que en muchos sentidos las características de la Tierra se asemejan a las del cielo. En este mundo de la cuarta dimensión, podemos volar como queramos. Todo el que vive en el cielo tiene un nuevo cuerpo espiritual que nunca perece y parece no tener peso. La vida en el cielo es tan maravillosa y eterna.

¿A qué se parece el cielo?

El río del agua de vida fluye del trono de Dios, pasa alrededor del tercer Reino, el segundo Reino, el primer Reino y el Paraíso, y regresa al trono de Dios.

¿Te imaginas cuán hermoso será caminar a lo largo del río del agua pura de la vida, tan clara como el cristal? A lo largo de los ríos hay bancos extendidos por arenas brillantes de oro y plata. El sabor del agua de vida es demasiado puro y fresco para ser comparado con cualquier agua en la Tierra.

En el cielo, las cosas están hechas de piedras preciosas y oro puro. No hay tierra ni polvo, y ningún ladrón puede entrar. Los caminos están hechos de oro, y podemos ver todo tipo de criaturas de Dios. ¿Se imagina lo hermoso que es?

Todas las clases de plantas y de animales están arreglados de manera apropiada. Existen pasajes especiales de flores. Usted podrá hablar con los animales y las flores o sentarse en ellos mientras está caminando.

Los árboles de la vida producen doce tipos de frutas. Cada fruta tiene un sabor diferente y se ve diferente entre sí. Si usted escoge cualquier fruta de cualquier árbol, el árbol produce instantáneamente el mismo tipo de fruta en el mismo lugar. ¡Qué asombroso es esto!

Cuando come, puede comer físicamente con la boca o puede disfrutar de los olores de los alimentos. Después de comer, se siente satisfecho y lleno de fuerza. ¿Cómo cree que se digieren y eliminan los alimentos? Por supuesto no hay baños sucios en el cielo. Después de comer, digieren dentro de su cuerpo y lo eliminan como gas fragante mientras respiran. La fragancia permanece en el aire durante un tiempo y luego se desvanece. ¡Cuán conveniente es eso!

¿Cuál es nuestra apariencia en el Cielo?

Tendremos la apariencia de Jesús resucitado. El espíritu, el alma y el cuerpo son imperecederos, al igual que los huesos y la carne. Con nuestros cuerpos celestiales podremos pasar a través de las paredes, así que no tendremos que abrir ninguna puerta.

Nuestros rasgos físicos serán como los de Jesús a la edad de 33 años. Nuestras caras serán brillantes como una gema blanca. Nuestra altura será de 1,80 metros para los hombres, y las mujeres son un poco más pequeñas. El cabello de cada hombre tiene el largo necesario para llegar al cuello. La longitud del cabello de las mujeres varía según su propia santidad y gloria. Cuanto más brillante es su gloria, más largo es su cabello. A algunas mujeres el cabello les llega a su cadera. No hay que preocuparse por los defectos del cuerpo actual. En el cielo, los cuerpos tienen las mejores características. ¡Cuán felices nos hace esto!

En el cielo no estarán casados unos con otros. Como cuerpos espirituales, reconoceremos a la familia: cónyuge, hijos y padres, así como al pastor y su rebaño. Usted puede vivir con su familia terrenal y puede reunirse con los miembros de su iglesia. Su espíritu será muy sabio, así que su sabiduría será cien veces más que la que se tiene en este mundo.

¿Cómo es la vida en el cielo?

Dios nos da vestidos de lino fino, y nos recompensa con una gran cantidad de ornamentos preciosos según lo que hemos hecho. Eso es porque Dios quiere que usemos esos preciosos ornamentos para mostrar Su amor y Su gloria. Él también nos deja montar en Sus nubes de gloria. A menudo nos reuniremos en fiestas y tendremos un tiempo agradable y de conversación juntos, y podremos ver vídeos que presentan nuestras vidas terrenales. Habrá muchas cosas más hermosas y maravillosas en el cielo.

Dios me reveló las cosas ocultas del cielo, pero no puedo hablar de todas por ahora. Últimamente he publicado dos libros sobre el cielo.

Sabemos que este maravilloso cielo existe. Es por eso que estamos esperando el día en que el Señor, quien ha preparado estos lugares en el cielo para nosotros, vuelva de nuevo, y también estamos viviendo según la voluntad de Dios.

En este mundo también, si se trabaja duro, se puede ir a buenas escuelas, conseguir buenos trabajos, tomar posiciones de influencia y tener casas hermosas. De la misma manera, recibiremos el lugar, la corona y la recompensa de acuerdo con la fidelidad que que hemos mostrado en este mundo. Estas cosas en el cielo se le darán eternamente. Esta es la razón por la que todos quieren recibir la mayor cantidad de estas cosas hermosas como sea posible.

Jesús habló sobre la independencia de Israel por medio de la parábola de la higuera: «*De la higuera aprended la parábola: Cuando ya su rama está tierna, y brotan las hojas, sabéis que el verano está cerca. Así también vosotros, cuando veáis todas estas cosas, conoced que está cerca, a las puertas. De cierto os digo, que no pasará esta generación hasta que todo esto acontezca*» (Mateo 24:32-34).

Velad, pues, porque no sabéis a qué hora ha de venir vuestro Señor. Pero sabed esto, que si el padre de familia supiese a qué hora el ladrón habría de venir, velaría, y no dejaría minar su casa (Mateo 24:42-43).

Que cuando digan: Paz y seguridad, entonces vendrá sobre ellos destrucción repentina, como los dolores a la mujer encinta, y no escaparán. Mas vosotros, hermanos, no estáis en tinieblas, para que aquel día os sorprenda como ladrón. Porque todos vosotros sois hijos de luz e hijos del día; no somos de la noche ni de las tinieblas. Por tanto, no durmamos como los demás, sino velemos y seamos sobrios (1 Tesalonicenses 5:3-6).

Dios nos dijo que la segunda venida está muy cerca. Nadie sabe sobre ese día y hora. Él me dijo, así como a algunos creyentes fieles que están despiertos, que la hora final está muy cerca. ¿Cuántas personas sabrán que serán levantadas vivas en el aire?

Me hace muy feliz pensar en los días que vendrán cuando vivamos con el Señor en Su mundo eterno.

En la actualidad me encuentro trabajando arduamente para cumplir mis deberes y alimentar a mi rebaño en buen pasto.

Amén. ¡Ven, Señor Jesús!

El autor:
Dr. Jaerock Lee

El Rev. Dr. Jaerock Lee nació en 1943 en Muan, Provincia de Jeonnam, República de Corea. A sus veinte años, él padeció de una serie de enfermedades incurables durante siete años, y al no tener ninguna esperanza de recuperación, él esperaba únicamente la muerte. Cierto día, durante la primavera de 1974, fue invitado por su hermana a una iglesia, y cuando se inclinó para orar, el Dios vivo inmediatamente lo sanó de todas sus enfermedades.

Desde el momento en que el Rev. Dr. Lee conoció a Dios a través de aquella experiencia maravillosa, él ha amado a Dios con todo su corazón y sinceridad. En 1978 él recibió el llamado a ser un siervo de Dios. Clamó fervientemente a fin de entender con claridad la voluntad de Dios y llevarla a cabo por completo, y obedeció a cabalidad la Palabra de Dios. En 1982 fundó la Iglesia Central Manmin en Seúl (Corea del Sur), e innumerables obras de Dios, incluyendo sanidades o prodigios milagrosos, han tomado lugar en la iglesia.

En 1986 el Rev. Dr. Lee fue ordenado como pastor en la Asamblea Anual de la Iglesia de Jesús de Sungkyul de Corea, y cuatro años más tarde sus sermones empezaron a ser transmitidos en Australia, Rusia, las Filipinas, y otros lugares a través de la Compañía de Radiodifusión del Lejano Oriente, la Estación de Radiodifusión de Asia, y el Sistema Radial Cristiano de Washington.

Luego de transcurridos tres años, en 1993, la Iglesia Central Manmin fue denominada por la Revista *Christian World* de EE. UU. como una de las «50 Iglesias Principales del Mundo». El mismo año el Dr. Lee obtuvo un Doctorado Honorario en Teología en Christian Faith College, Florida, EE. UU., y en 1996 obtuvo un Ph.D. en Ministerio en el Seminario Teológico de Kingsway en Iowa, EE. UU.

Desde 1993, el Rev. Dr. Lee ha tomado la batuta en el área de las misiones mundiales a través de cruzadas evangelísticas internacionales en Tanzania, Argentina, Los Ángeles, Baltimore, Hawái, y la ciudad de Nueva York en los Estados Unidos, Uganda, Japón, Pakistán, Kenia, las Filipinas, Honduras, India, Rusia, Alemania, Perú, República Democrática de Congo, Israel y Estonia.

En el año 2002, los principales diarios cristianos de Corea lo nombraron «el evangelista mundial» por su labor poderosa en varias Grandes Cruzadas Unidas internacionales. Su Cruzada Nueva York 2006 realizada en el Madison Square Garden, el coliseo más famoso del mundo, se transmitió a 220 naciones, y durante su Cruzada Unida Israel 2009 realizada en el Centro Internacional de Convenciones de Jerusalén, él proclamó con valentía que Jesucristo es el Mesías y Salvador. Sus sermones se transmiten a 176 naciones vía satélite, incluyendo GCN TV. Fue nombrado como uno de «Los diez líderes cristianos con mayor influencia» en el año 2009, y en el 2010 se destacó en *InVictory*, la popular revista cristiana de habla rusa y la agencia *Christian Telegraph* por su poderoso ministerio de televisión y pastorado a nivel mundial.

Hasta Marzo de 2019, la Iglesia Central Manmin cuenta con una congregación de más de 130 000 miembros; tiene 11 000 iglesias filiales locales e internacionales en el mundo entero, incluyendo 55 iglesias filiales locales y más de 96 misioneros que han sido comisionados a 25 países, entre ellos los Estados Unidos, Rusia, Alemania, Canadá, Japón, China, Francia, India, Kenia, y muchos más.

Hasta la fecha de esta publicación, el Dr. Lee ha escrito 115 libros, incluyendo algunos en lista de superventas de librería tales como *CÓMO GOZAR DE LA VIDA ETERNA AUN ANTES DE LA MUERTE*, *Mi Vida, Mi Fe I y II*, *El Mensaje de la Cruz*, *La Medida de Fe*, *Cielo I Y II*, *Infierno*, y *El Poder de Dios*. Sus obras han sido traducidas a más de 76 idiomas.

Sus editoriales cristianos se publican en los diarios *The Hankook Ilbo*, *The Chosun Ilbo*, *The JoongAng Daily*, *The Dong-A Ilbo*, *The Seoul Shinmun*, *The Kyunghyang Shinmun*, *The Hankyoreh Shinmun*, *The Korea Economic Daily*, *The Shisa News*, y *The Christian Press*.

El Dr. Lee es actualmente el líder de muchas organizaciones y asociaciones misioneras, entre ellas: Presidente de la Iglesia de la Santidad Unida de Jesucristo, Presidente vitalicio de la Asociación de Avivamiento y Misiones Cristianas Mundiales, Fundador y Presidente de la Junta de la Red Cristiana Mundial (GCN por sus siglas en inglés), Fundador y Presidente de la Junta de la Red Mundial de Médicos Cristianos (WCDN por sus siglas en inglés), y Fundador y Presidente de la Junta del Seminario Internacional Manmin (MIS por sus siglas in inglés).

Otros libros poderosos del mismo autor:

Cielo I & II

Una descripción detallada del maravilloso y vívido ambiente que los ciudadanos del Cielo disfrutarán en los cinco niveles del Reino de los Cielos, además de una hermosa descripción de cada uno de ellos.

El Mensaje de la Cruz

Un poderoso mensaje de avivamiento para todos aquellos que están espiritualmente adormecidos. En este libro encontrará la razón por la que Jesús es el único Salvador y es el verdadero amor de Dios.

Infierno

Un sincero y ferviente mensaje de Dios para toda la humanidad. ¡Dios desea que ningún alma caiga en las profundidades del infierno! Usted descubrirá una descripción nunca antes revelada de la cruel realidad del Hades y del Infierno.

Espíritu, Alma y Cuerpo I & II

Una guía que otorga comprensión espiritual del espíritu, el alma y el cuerpo y ayuda a descubrir el tipo de 'persona' que hemos llegado a ser, para que podamos obtener el poder para derrotar a las tinieblas y convertirnos en personas del espíritu.

La Medida de Fe

¿Qué tipo de lugar celestial y qué tipo de corona y recompensas están preparadas para usted en el Cielo? Este libro proporciona la sabiduría y guía para que usted mida su fe y cultive una fe mejor y más madura.

¡Despierta Israel!

¿Por qué ha mantenido Dios sus ojos sobre el pueblo de Israel desde el principio del mundo hasta hoy? ¿Qué tipo de providencia ha preparado Dios para Israel en los últimos días mientras esperan al Mesías?

Mi Vida, Mi Fe I & II

La autobiografía del Dr. Jaerock Lee proporciona un fragante aroma espiritual a los lectores a través de su vida extraída del amor de Dios que brotó en medio de olas oscuras, un yugo frío y la mayor desesperación.

El Poder de Dios

Un libro que toda persona debe leer, ya que sirve como una guía esencial por medio de la cual podemos llegar a poseer fe verdadera, además de experimentar el maravilloso poder de Dios.

www.urimbooks.com

www.ingramcontent.com/pod-product-compliance
Lightning Source LLC
LaVergne TN
LVHW041753060526
838201LV00046B/991